MENSAGEM
DE FERNANDO PESSOA

LER MAIS
Coordenação de José Augusto Cardoso Bernardes

ANTÓNIO APOLINÁRIO LOURENÇO

MENSAGEM DE FERNANDO PESSOA

MENSAGEM
DE FERNANDO PESSOA

AUTOR
ANTÓNIO APOLINÁRIO LOURENÇO

EDITOR
CENTRO DE LITERATURA PORTUGUESA (CLP)
Faculdade de Letras da Universidade de Coimbra
3004-530 Coimbra

EDIÇÕES ALMEDINA, SA
Rua Fernandes Tomás n.os 76, 78, 80
3000-167 Coimbra
Tel.: 239 851 904
Fax: 239 851 901
www.almedina.net
editora@almedina.net

DESIGN DE CAPA
FBA

PRÉ-IMPRESSÃO | IMPRESSÃO | ACABAMENTO
G.C. – GRÁFICA DE COIMBRA, LDA.
Palheira – Assafarge
3001-453 Coimbra
producao@graficadecoimbra.pt

Novembro, 2011

DEPÓSITO LEGAL
335999/11

A presente publicação, coeditada pelas Edições Almedina e pelo
Centro de Literatura Portuguesa, insere-se nas atividades
do Grupo de Investigação «Literatura Portuguesa» (coord. Prof. Doutora
Maria Helena Santana) do Centro de Literatura Portuguesa, Unidade
de I&D financiada pela Fundação para a Ciência e a Tecnologia.

Biblioteca Nacional de Portugal – Catalogação na Publicação

LOURENÇO, António Apolinário

Mensagem de Fernando Pessoa
ISBN 978-972-40-4676-1

CDU   821.134.3-1Pessoa, Fernando.09

ÍNDICE

Introdução: a *Mensagem* no ensino secundário	7
Quinto Império: mito e utopia	13
O Quinto Império	31
Estrutura e valores simbólicos	47
O Brasão	52
Mar Português: a Aventura da Iniciação	60
O Encoberto	77
Ecos camonianos (e outros)	
na *Mensagem* de Fernando Pessoa	95
Apêndice	117
Prefácio a *Quinto Império*,	
de Augusto Ferreira Gomes	119
Dez minutos com Fernando Pessoa	123
Explicação de um livro	127
Bibliografia	133

INTRODUÇÃO: A *MENSAGEM* NO ENSINO SECUNDÁRIO

Um dos aspetos mais controversos da última reforma dos programas de Português do ensino secundário foi, sem dúvida, a transferência para o 12º ano da continuação do estudo d'*Os Lusíadas*, que tem início, como se sabe, no 9º ano de escolaridade. Foi também criticado por alguns escritores e professores a associação que o novo programa estabelece entre a epopeia camoniana e a *Mensagem* de Fernando Pessoa, por entenderem que este enquadramento programático desvaloriza o livro de Camões, considerado, desde há séculos, o maior monumento literário da nacionalidade.

É óbvio que a grande legião de críticos e admiradores de Pessoa só pode congratular-se com o reforço da centralidade do criador dos heterónimos (que também são abrangidos pelo programa do mesmo ano) no cânone literário escolar, mas o estudo paralelo ou comparado de duas obras literárias tão divergentes entre si coloca muitos problemas sérios e pode propiciar uma visão distorcida dos dois poemas.

A parte do programa a que nos reportamos é a seguinte:

> Textos épicos e épico-líricos
> Camões e Pessoa: *Os Lusíadas* e *Mensagem*

- *Os Lusíadas*
- visão global
- mitificação do herói
- reflexões do Poeta: críticas e conselhos aos Portugueses

- *Mensagem*
- estrutura e valores simbólicos
- o sebastianismo e o mito do Quinto Império
- relação intertextual com *Os Lusíadas*

A historicidade do registo literário parece ser desrespeitada, quando se entende que o método mais adequado para ajudar os alunos a compreender os dois poemas é estudá-los paralelisticamente, como se eles partilhassem o mesmo código genológico. Pode argumentar-se que a distinção que se estabelece entre textos épicos e épico-líricos é suficiente para evitar confusões, mas a verdade é que, se consultarmos os manuais já adequados a este programa encontraremos bastantes alusõcs à *epopeia* pessoana, coisa que, em rigor, a *Mensagem* manifestamente não é.

É indesmentível que o livro de Pessoa apresenta importantes relações intertextuais com *Os Lusíadas*, embora talvez não tantas como muitas vezes se supõe; mas já é bastante discutível que ele tenha a sua origem fundamente na epopeia clássica ou na renascentista. E é sobretudo muito perigoso acreditar que a *Mensagem* possa ser entendida como uma espécie de *Lusíadas* do século XX, aproximando-se acriticamente a ideia de Império preconizada nos dois poemas, quando sabemos que Fernando Pessoa escreveu repetidamente que o Quinto Império que anunciava não se fundava no domínio material, chegando até nalguns dos seus fragmentos textuais a insinuar que a sua completa realização só ocorreria num plano existencial superior ao da vivência terrena.

São abordados neste livro os três tópicos abrangidos no programa oficial do Ministério da Educação. Começaremos, contudo, porque nos parece mais lógico, por estudar a forma como o messianismo nacionalista (assente no conceito de Quinto Império e na ideologia sebastianista) informa indelevelmente a estrutura histórico-simbólica do livro pessoano. Só então estaremos verdadeiramente em condições de analisar a estrutura do texto e os valores simbólicos e ideológicos nele veiculados. A aproximação aos *Lusíadas* não iludirá o alerta que atrás deixámos expresso: sendo tão diferentes as épocas em que foram redigidos os dois poemas, há seguramente outras obras com as quais cada um deles se relaciona de modo muito mais íntimo, tanto no aspeto ideológico como no desenho estético. Por isso mesmo não nos inibimos de procurar textos contemporâneos da *Mensagem*, que Pessoa leu e com os quais parece ter efetivamente dialogado.

O presente livro inclui, finalmente, três textos que constituem um contributo precioso para a compreensão da *Mensagem*: o prefácio pessoano a *Quinto Império*, de Augusto Ferreira Gomes; um artigo publicado, em 1934, no *Diário de Lisboa* sobre a *Mensagem* (que oscila entre o registo da crónica e o da entrevista); e um fragmento recolhido pela primeira em 1966, por Georg Rudolf Lind e Jacinto do Prado Coelho, nas *Páginas íntimas e de auto-interpretação*.

Se o artigo do *DL*, assinado por A.P.[1], apenas entreabre a porta do mistério, o prefácio a *Quinto Império*, um livro ideologicamente gémeo da *Mensagem*, constitui um precioso contributo para a descodificação simbólica do poema pessoano. Já o fragmento publicado em último lugar, para além da reivindicação explícita da presença da simbólica templária e rosacruciana, acaba por ser muito mais revelador das divergências de Pessoa com o catolicismo do que certamente o próprio poeta pretenderia (pelo menos no momento da publicação do livro). Ao publicar, em 4 de fevereiro de 1935, também no *Diário de Lisboa*, um texto contestatário da primeira iniciativa legislativa da Assembleia Nacio-

---

[1] Em "A verdade sobre a *Mensagem*" (in *A arca de Pessoa. Novos ensaios*, Lisboa, Imprensa de Ciências Sociais, 2007, pp. 150--151), José Blanco identifica estas iniciais com o jornalista Artur Portela.

MENSAGEM – DE FERNANDO PESSOA | 11

nal salazarista, o poeta transformar-se-ia objetivamente – e sem o desejar – num adversário do regime. De pouco lhe valia já camuflar o caráter subversivo do seu nacionalismo. É claro que este e outros textos redigidos na mesma época, com os quais Fernando Pessoa pretendia explicar as divergências entre o nacionalismo do Estado Novo e o seu sonho messiânico do Quinto Império, não chegaram ao conhecimento do público em vida do poeta. Mas também sabemos hoje, e o poeta sabê-lo-ia provavelmente já naquela altura, que os mecanismos censórios do regime não iriam permitir que o poeta voltasse a afrontar as instituições salazaristas[2].

Adota-se neste livro a nova ortografia, mas respeita-se a ortografia original nos textos citados.

As citações da *Mensagem* terão como referência a edição da Angelus Novus, integrada na coleção "Biblioteca Lusitana" (Coimbra, 2008).

[2] Na sua biografia de *Fernando Pessoa*, Richard Zenith divulga uma circular do Diretor Geral dos "Serviços de Censura à Imprensa" em que expressamente se ordena o silenciamento na imprensa de matéria relacionada com o artigo publicado por Fernando Pessoa no *DL* (*vide* Richard Zenith, *Fernando Pessoa*, Lisboa, Temas e Debates, 2008, p. 164).

QUINTO IMPÉRIO: MITO E UTOPIA

O futuro de Portugal – que não calculo, mas sei – está escrito já, para quem saiba lê-lo, nas trovas do Bandarra, e também nas quadras de Nostradamus. Esse futuro é sermos tudo. Quem, que seja português, pode viver a estreiteza de uma só personalidade, de uma só nação, de uma só fé. [...] Conquistámos já o Mar: resta que conquistemos o Céu, ficando a terra para os Outros, os eternamente Outros, os Outros de nascença, os europeus que não são europeus porque não são portugueses. Ser tudo de todas as maneiras, porque a verdade não pode estar em faltar ainda alguma coisa!

(Fernando Pessoa, *Revista Portuguesa*, 13-10-1923)

O regime político que existiu em Portugal até 1974, o mesmo em que se gerou o livro de Pessoa, e que o premiou[3], não parece ter-se apercebido da

---

[3] A *Mensagem* foi efetivamente contemplada com o Prémio Antero de Quental, promovido em 1934 pelo Secretariado de Propaganda Nacional (SPN), na categoria de "Poema ou poesia solta". Por não satisfazer uma das condições exigidas pelo concurso (o número mínimo de cem páginas), não foi considerada a sua candidatura à categoria mais nobre de "livro de versos", de que sairia vencedor o livro *A romaria*, de Vasco Reis (*vide* José Blanco, "A verdade sobre a *Mensagem*", ed. cit., pp. 147-158).

ambiguidade da *Mensagem* de Pessoa, que, de facto, tinha escassos pontos de contacto com a ideologia do Estado Novo. Na realidade, enquanto os heterónimos estavam quase completamente ausentes das seletas literárias adotadas nas escolas, poemas como "Mar Português" ou o "Mostrengo" eram presença constante e obrigatória nos livros escolares. Não é mesmo impossível deparar com leituras deste livro pessoano que o tomam como panfleto político nacionalista, ou chegam a identificá-lo ideologicamente com as teses da Ditadura Nacional. Mas a verdade é que Pessoa colocava a poesia bem acima da política, como foi significativamente denunciado pelo seu *alter ego* Álvaro de Campos:

> Dos Lloyd Georges da Babilónia
> Não reza a história nada.
> Dos Briands da Assíria ou do Egipto,
> Dos Trotskys de qualquer colónia
> Grega ou romana já passada,
> O nome é morto, inda que escrito.[4]

Não chegaremos, obviamente, ao excesso de contraditar o caráter nacionalista do livro pessoano – reivindicado pelo poeta como "nacionalista místico" ou "sebastianista racional", na famosa carta de

---

[4] [F. P.] Álvaro de Campos, *Poesias* (edição de Teresa Rita Lopes), Lisboa, Assírio & Alvim, 2002, p. 328.

13-1-1935 a Adolfo Casais Monteiro[5]. O que pretendemos deixar evidenciado é o cunho essencialmente utópico do nacionalismo de Pessoa, que, em vez de justificar com o passado a grandeza do presente ou a esperança no futuro, parece preferir encontrar no futuro a grandeza que enriquece o passado. A história assim revisitada adquire uma dimensão simbólica, que tem suportado leituras divergentes, e que só pode ser minimamente desvelada a partir da concretização ideal da utopia. Queremos esclarecer que utilizamos o termo "utopia" com um sentido próximo daquele que lhe dá Mannheim, isto é, não designando especificamente uma realidade de impossível concretização, mas sobretudo uma mentalidade em contradição com a realidade presente e, ao mesmo tempo, um espelho onde se refletem as necessidades, as frustrações e os sonhos de uma sociedade[6]. Por isso, a utopia tem

[5] Cf. Fernando Pessoa, *Correspondência (1923-1935)*, Lisboa, Assírio & Alvim, 1999, p. 338.

[6] Cf. Karl Mannheim, *Ideologia e Utopia*, Bologna, Il Molino, 1978, pp. 65-119. Recorde-se que a palavra "utopia" foi criada por Thomas More, que deu esse nome à ilha descrita por Rafael Hitlodeu, no livro também intitulado *Utopia*. Como se sabe, o humanista inglês criou este "topónimo" juntando ao lexema grego que designa o lugar (τόπος) a partícula negativa οὐ. Essa designação revelar-se-ia adequada para batizar diversas outras propostas de sociedades ideais, tanto prospetiva como retrospetivamente.

uma outra face, que é o mito, igualmente enraizado no inconsciente nacional e, tal como a utopia, designando uma realidade em contradição com o presente, mas influenciando-o e agindo sobre ele. Na *Mensagem*, o mito cimenta a história, como se exemplifica no poema intitulado "Ulisses" (que comentaremos adiante), quando nos é dito que "o mito é o nada que é tudo" (p. 83), e a história, mitificada, justifica-se na utopia:

> Teu ser é como aquela fria
> Luz que precede a madrugada,
> E é já o ir a haver o dia
> Na antemanhã, confuso nada.

> ("Viriato", p. 85)

Um dos aspetos principais da mitificação e utopização da história de Portugal na *Mensagem* consiste na apropriação da simbologia esotérica[7], particular-

---

[7] Numa primeira aproximação ao significado do vocábulo "esoterismo", retenhamos que este termo remete para conceções religiosas em que existem conteúdos secretos, aos quais os adeptos só podem aceder (e de forma gradual) através de ritos de iniciação. Simbolicamente, a cerimónia iniciática, na qual geralmente se ritualiza a morte e ressurreição do iniciado, representa uma ascensão na escala hierárquica da sociedade ou da ordem secreta em que o adepto (neófito, num primeiro momento) se integrou. Com um sentido sensivelmente idêntico, o lexema "hermetismo" deriva do nome de Hermes Tris-

MENSAGEM – DE FERNANDO PESSOA | 17

mente do esoterismo rosacruciano e templário, a que Fernando Pessoa dedicou grande atenção, particularmente nos últimos anos da sua vida (aqueles em que compôs a *Mensagem*). Como se sabe, para além dos elementos propriamente históricos sobre a Ordem do Templo, que foi criada para combater, na Terra Santa, os Muçulmanos, e que foi extinta, na sequência de um conturbado processo, que culminou com a imolação pelo fogo dos seus principais dirigentes, existe toda uma lenda referente a uma continuidade clandestina ou subterrânea dos Templários, que teriam mantido os seus segredos até aos nossos dias. Quanto à Fraternidade Rosa-Cruz, foi dada a conhecer em 1614, com a publicação de um manifesto anónimo mas que a tradição atribui a Johann Valentin Andreae, *Fama Fraternitatis*. Os membros da Fraternidade, que se desenvolveu bastante ao longo do século XVII, afirmavam-se discípulos de um nobre alemão, Christian Rosenkreuz, que tivera no Médio Oriente a sua iniciação nas ciências esotéricas. Christian Rosenkreuz teria fale-

megisto, uma divindade sincrética, que resulta da convergência do deus grego Hermes (o Mercúrio romano) e do deus egípcio Thoth. Ainda no período helenístico, Hermes Trismegisto ganha a forma de uma personagem mítica (e já não de um Deus), à qual é atribuída a redação do tratado alquímico *Tábua de Esmeralda* e do conjunto de textos esotéricos reunidos no *Corpus Hermeticum*, traduzidos para latim, em 1461, pelo filósofo neoplatónico Marsilio Ficino.

cido em 1484, e o seu túmulo teria sido encontrado 120 depois. Nas mãos do cadáver incorrupto, estaria ainda o livro com o legado doutrinário do fundador.

A vinculação ideológica da *Mensagem* a este universo religioso esotérico foi em várias ocasiões explicitada por Pessoa, nomeadamente na famosa carta sobre a origem dos heterónimos, de 13 de janeiro de 1935, a Adolfo Casais Monteiro:

> Pergunta-me se creio no ocultismo. Feita assim, a pergunta não é bem clara; compreendo porém a intenção e a ela respondo. Creio na existência de mundos superiores ao nosso e de habitantes desses mundos, em existências de diversos graus de espiritualidade, subtilizando-se até se chegar a um Ente Supremo, que presumivelmente criou este mundo. Pode ser que haja outros Entes, igualmente Supremos, que hajam criado outros universos, e que esses universos coexistam com o nosso, interpenetradamente ou não. Por estas razões, e ainda outras, a Ordem Externa do Ocultismo, ou seja, a Maçonaria, evita (excepto a Maçonaria anglo-saxónica) a expressão "Deus", dadas as suas implicações teológicas e populares, e prefere dizer "Grande Arquitecto do Universo", expressão que deixa em branco o problema de se Ele é Criador, ou simples Governador, do mundo. Dadas essas escalas de seres, não creio na comunicação directa com Deus, mas, segundo a nossa afinação espiritual, poderemos ir comunicando com seres cada vez mais altos.[8]

[8] Fernando Pessoa, *Correspondência (1923-1935)*, ed. cit., pp. 346-347.

Fernando Pessoa alude na sua carta à Maçonaria, porque tem consciência de estar perante um não--iniciado em questões esotéricas. Sabemos, no entanto, que, para ele, a Maçonaria era apenas a expressão vulgar e externa de uma realidade mais profunda:

> A par do cristianismo oficial, com os seus vários misticismos e ascetismos e as suas magias várias, nós notamos, episodicamente vindo à superfície, uma corrente que data sem dúvida da Gnose (isto é da junção da Cabala judaica com o neoplatonismo) e que ora nos aparece com o aspecto dos cavaleiros de Malta, ou dos Templários, ora, desaparecendo, nos torna a surgir nos Rosa-Cruz para, finalmente, surgir à plena superfície na Maçonaria. Os mações são os descendentes remotos, mas segundo uma tradição nunca quebrada, dos esotéricos espíritos que compunham a Gnose. As fórmulas e os ritos maçónicos são nitidamente judaicos; o substrato oculto desses ritos é nitidamente gnóstico. A Maçonaria derivou de um ramo dos Rosa-Cruz.[9]

[9] Fernando Pessoa, *Páginas íntimas e de auto-interpretação* (edição de Georg Rudolf Lind e Jacinto do Prado Coelho), Lisboa, Ática, s/d., p. 252. A seriedade com que Pessoa encarava esta questão e a sua consciência de que estas ideias chocavam fortemente com a ideologia religiosa dominante no país explicam que, em *post scriptum* à carta antes mencionada, ele tenha pedido a Casais Monteiro que nunca publicasse o parágrafo sobre o ocultismo que acabámos de transcrever.

A constatação da impossibilidade de completo acesso à Verdade, que foge do conhecimento humano, em permanente deslocação para níveis e universos inatingíveis por este "bicho da terra tão pequeno"[10], colocam claramente a religiosidade pessoana na esfera da utopia e do mito.

Mas passemos ao comentário, mais temático e ideológico do que formal, do poema "Ulisses", bastante esclarecedor quanto à vertente mítico-utópica da *Mensagem*. Comecemos pela primeira estrofe:

> O mito é o nada que é tudo.
> O mesmo sol que abre os céus
> É um mito brilhante e mudo –
> O corpo morto de Deus,
> Vivo e desnudo.
> (p. 83)

O primeiro verso, como se vê, contém uma consideração aparentemente contraditória sobre a natureza do mito: "o nada que é tudo". Mas o que se diz não deixa de ser compreensível: sendo o mito uma narrativa inventada pelos homens para procurarem explicar as coisas que não compreendem, e sabendo-se que, nas sociedades primitivas, era em torno dos mitos que se estruturava a vida social, entende-se que o poeta sublinhe a sua importância

---

[10] Luís de Camões, *Os Lusíadas*, 5.ª ed., Lisboa, Instituto Camões, 2003, p. 27.

como fundamento da própria realidade. Pessoa acreditava (ou manifesta aqui acreditar) que, no século XX, os mitos (ainda que de natureza diferente) não tinham perdido a sua força. Isso pode ser aferido pelas palavras que redigiu para o inquérito promovido por Augusto da Costa, e recolhido em livro com o título (idêntico ao do inquérito) *Portugal, Vasto Império*, onde defendeu que o principal meio para levantar moralmente uma nação era a exploração insistente de um grande mito nacional:

> Há só uma espécie de propaganda com que se pode levantar o moral de uma nação – a construção ou renovação e a difusão consequente e multímoda de um grande mito nacional. De instinto, a humanidade odeia a verdade, porque sabe, com o mesmo instinto, que não há verdade, ou que a verdade é inatingível. O mundo conduz-se por mentiras; quem quiser despertá-lo ou conduzi-lo terá que mentir-lhe delirantemente, e fá-lo-á com tanto mais êxito quanto mais mentir a si mesmo e se compenetrar da verdade da mentira que criou. Temos felizmente o mito sebastianista, com raízes profundas no passado e na alma portuguesa. Nosso trabalho é pois mais fácil; não temos que criar um mito, senão que renová-lo. [...] Então se dará na alma da Nação o fenómeno imprevisível de onde nascerão as Novas Descobertas, a Criação do Novo Mundo, o Quinto Império. Terá regressado El-Rei D. Sebastião.[11]

[11] Fernando Pessoa, *Sobre Portugal: introdução ao problema nacional* (recolha de textos de Maria Isabel Rocheta e Maria

É, evidentemente, no mito sebastianista que se alicerça a *Mensagem* pessoana. O mito que sustenta ter sido Ulisses o fundador de Lisboa é portanto um

Paula Morão; introdução e organização de Joel Serrão), Lisboa, Ática, 1979, pp. 254-255. Curiosamente, as palavras do poeta encontram sustentação teórica nos estudos sobre o mito realizados por especialistas como Mircea Eliade, que, depois de referir o contraste entre o modo como o mito era encarado nas sociedades primitivas (como *verdade absoluta*, por contar uma *história sagrada*) e na sociedade industrial oitocentista (como uma fantasia oposta à *realidade*), se refere à reabilitação do mito ocorrida ao longo do século XX: "Como se vê, trata-se de uma inversão total dos valores: enquanto a linguagem corrente confunde o mito com as 'fábulas', o homem das sociedades tradicionais descobre nela, pelo contrário, *a única revelação válida da realidade*. Não tardou que se tirasse conclusões desta descoberta. Pouco a pouco, deixou de se insistir no facto de que o mito conta coisas impossíveis ou improváveis: contentamo-nos em afirmar que constitui uma forma de pensamento diferente da nossa mas que, em qualquer dos casos, não se deve tratá-lo, *a priori*, como aberrante. Foi-se mais longe: tentou-se integrar o mito na história geral do pensamento, considerando-o como a forma por excelência do pensamento colectivo. Ora, como o 'pensamento colectivo' nunca é completamente abolido numa sociedade, qualquer que seja o seu grau de evolução, não se deixou de observar que o mundo moderno conserva ainda um certo comportamento mítico: por exemplo, a participação de uma sociedade inteira em certos símbolos foi interpretada como uma sobrevivência do 'pensamento colectivo'. Não é difícil demonstrar que a função de uma bandeira nacional, com todas as experiências afectivas que implica, não seria em nada mito coadjuvante, que igualmente interessa explorar. Segundo este mito (ou lenda), o nome primitivo da cidade – *Ulissipo* – deriva precisamente do nome do protagonista da *Odisseia*. E o facto de tanto Pessoa como os seus leitores terem consciência da frágil verosimilhança desta lenda é claramente um sinal: o sinal de que o Quinto Império sebástico se sustenta também em bases frágeis, mas que isso não lhe retira seriedade e importância.

O mito, por outro lado, não é nunca arbitrário e tem sempre relações estreitas com o mundo real. Como registou Ernest Cassirer, ele é, como a linguagem, uma representação metafórica de algum aspeto da realidade[12]. O próprio sol é (ou foi) um mito, como nos diz Pessoa. Convém recordar que o culto solar constituía a base de diversas religiões primitivas e de ritos iniciáticos pré-cristãos. No próprio cristianismo encontramos reminiscências deste culto na auréola que envolve a cabeça dos santos nalgumas representações iconográficas (a auréola corresponde a uma estilização do disco solar) e na própria comemoração do nascimento de

---

diferente da 'participação' em qualquer símbolo nas sociedades arcaicas" (Mircea Eliade, *Mitos, sonhos e mistérios*, Lisboa, Edições 70, 2000, p. 16).

[12] Cf. Ernest Cassirer, *linguagem, mito e religião*, Porto, Edições Rés, 1976, pp. 139-164.

Cristo, celebrado a 25 de Dezembro, coincidindo com as antigas celebrações do solstício de Inverno.

É nas correntes religiosas esotéricas a que Pessoa esteve, como dissemos, associado e que tão claramente se refletem na *Mensagem*, que encontramos a explicação para os quatro versos finais. Entende-se perfeitamente, na construção oximorónica[13] "corpo morto de Deus, / Vivo e desnudo", uma aproximação entre o Sol e Cristo, e uma referência à Ressurreição, que se ajusta perfeitamente à teoria da reincarnação que informa a doutrina dos Rosa-Cruz[14]. Num texto de inspiração rosacruciana, diz-nos o

---

[13] A propósito da organização estrutural do poema, leia-se Roman Jakobson e Luciana Stegano Picchio, "Os oxímoros dialécticos de Fernando Pessoa", in *Linguística e Literatura*, Lisboa, Edições 70, 1980, pp. 17-41.

[14] Não como explicação mas como ampliação da *mensagem* esotérica expressa na primeira estrofe de "Ulisses", poderíamos citar o seguinte texto de Pessoa: "A Rosa Crucificada é o símbolo da reincarnação; ou, dizendo melhor, é esse um dos factos de que é símbolo. No fundo rígido e morto (em certo sentido) da Cruz, que é a Individualidade, coloca-se, martirizada, a flor, isto é, a realidade viva da Rosa, que é a Personalidade. Só quando a Personalidade – temporariamente pela Morte, definitivamente pela União – se integra na Individualidade e a tinge, acaba o Mortal da Cruz e o vivo da Rosa, e a Cruz, tornada vida, se converte em Rósea Cruz (Templários, Ordem de Cristo)" (Fernando Pessoa, *Rosea Cruz*, Lisboa, Edições Manuel Lencastre, 1989, p. 146).

poeta que o Sol é "a apresentação visível de Deus na matéria criada"[15]. E num outro texto do criador dos heterónimos, recolhido por Yvette Centeno, encontramos o seguinte aditamento:

> Dizer que Cristo é um símbolo do Sol é pôr o processo iniciatório ao invés. É o Sol que é o símbolo de Cristo. Por outras palavras, Cristo é a realidade e o Sol a ilusão, Cristo é a luz e o Sol a sombra.[16]

Só na segunda estrofe o poeta se centra na figura do fundador mítico da capital portuguesa. Sendo Ulisses uma personagem pertencente a uma das mais importantes obras épicas da Antiguidade, Fernando Pessoa coloca o seu poema na órbita da epopeia clássica (sabemos que, para ele, *Os Lusíadas* constituíam o modelo a ultrapassar, pois não atingiam o nível de algumas dessas grandes criações épicas greco-latinas[17]). Mas é evidente que a lenda (ou mito) é, outra vez pela via do oximoro, claramente assumida como lenda, mas como lenda (ou mito) que gera a própria realidade:

---

[15] *Ibidem*, p. 131.

[16] Transcrito por Yvette Centeno, em *Fernando Pessoa e a filosofia hermética*, Lisboa, Presença, 1985, p. 61. Tradução de Maria Helena Rodrigues de Carvalho.

[17] O assunto será retomado no capítulo especificamente dedicado ao estudo das relações intertextuais entre a *Mensagem* e *Os Lusíadas*.

Este, que aqui aportou,
Foi por não ser existindo.
Sem existir nos bastou.
Por não ter vindo foi vindo
E nos criou.
(p. 83)

O mito ou a lenda não são, portanto, uma mera fantasia. São antes realidades que ocorrem num plano diverso do do viver terrenal:

Assim a lenda se escorre
A entrar na realidade,
E a fecundá-la decorre.
Em baixo, a vida, metade
De nada, morre.
(*idem*)

A vida, ou seja, aquilo que vulgarmente entendemos como realidade, é afinal menos do que o mito: metade do nada que o mito era, do nada que era tudo. Quanto à morte, como também já vimos, sendo "tudo, não é nada". E se dos símbolos Fernando Pessoa disse que são a "linguagem das verdades superiores à nossa inteligência"[18], registou igualmente, antecipando-se a Cassirer, que "os 'mi-

---

[18] Transcrito por Yvette Centeno, *op. cit.*, p. 38.

tos' são a figuração simbólica de um ou outro aspecto da verdade do mundo"[19].

Também o poema intitulado "D. João o Primeiro" constitui um dos exemplos mais eloquentes da utilização discreta (porque só compreensível para quem tenha algum conhecimento da matéria) da simbólica esotérica rosacruciana e templária.

O poema, composto em 12 de fevereiro de 1934, igualmente dividido em três estrofes, tem uma estrutura semelhante a "Ulisses", começando com uma quadra que põe genericamente em relevo a presença do Providencialismo na História portuguesa:

> O homem e a hora são um só
> Quando Deus faz e a história é feita.
> O mais é carne, cujo pó
> A terra espreita.
> (p. 95)

Nas duas quadras seguintes, destaca-se o papel ou a função específicos do fundador da segunda dinastia:

> Mestre, sem o saber, do Templo
> Que Portugal foi feito ser,

---

[19] Fernando Pessoa, *Rosea Cruz*, ed. cit., p. 128. Ernest Cassirer sublinhou que a "metáfora é o vínculo intelectual que une a linguagem e o mito" (Ernest Cassirer, *op. cit.*, p. 140).

> Que houveste a glória e deste o exemplo
> De o defender,
> Teu nome, eleito em sua fama
> É, na ara da nossa alma interna,
> A que repele, eterna chama,
> A sombra eterna.
> (*idem*)

Tal como no poema antes analisado, encontramos aqui uma mitificação do herói, ainda que este e os seus atos tenham uma consistência histórica que não existia no caso do herói homérico. Como se vê, D. João I, o rei iniciador da expansão portuguesa, é-nos apresentado como "Mestre [...] do Templo que Portugal foi feito ser". A palavra Templo tem aqui um sentido preciso: a Ordem do Templo era a Ordem dos Templários, a mesmíssima ordem religiosa-militar que os prosélitos modernos do ocultismo consideram guardiã de preciosos segredos divinos, e que, combatida e destruída na Europa por iniciativa de Filipe, o Belo, o poderoso rei francês que a considerava uma ameaça ao seu próprio poder, sobreviveu em Portugal metamorfoseada na Ordem de Cristo. Antes de ser rei, D. João fora Mestre de Avis, mas isso não era segredo, nem para ele nem para ninguém. O que o rei não sabia é que era simultaneamente o Mestre do Templo, pois o facto de ser um iniciado por vontade divina dispensara-o de percorrer os diferentes degraus da escala iniciática. Podem, portanto, aplicar-se-lhe as palavras que Pessoa escreveu sobre Shakespeare: "Ele é um iniciado que sente mas desconhece a sua iniciação. Iniciação é ser admitido na conversa com os anjos"[20].

Ainda mais hermético parece ser o sentido do primeiro verso da última quadra. Como noutros poemas da *Mensagem*, o poeta dirige-se ao próprio herói: "Teu nome, eleito em sua fama". O nome não oferece dúvidas, é João. Mas o eleito é o nome ou o herói? E para que nome remete o pronome de terceira pessoa "sua"? Não pode ser para o rei, evidentemente, pois este está a ser interpelado na segunda pessoa. Não é também para Deus, seguramente. Poderá ser Portugal, mas ainda assim a frase resulta estranha e algo carente de sentido. Na realidade, entendemos que existe aqui uma ambiguidade deliberada, assente na coincidência do nome próprio do rei português com de Johann Valentin Andreae (a que Pessoa chama, em vários textos, João Valentino Andrea), o presumível autor, como dissemos, do manifesto anónimo intitulado *Fama Fraternitatis*. Assim se compreende também o sentido "oculto" do substantivo "fama". A referência à "alma interna" atesta inequivocamente a justeza desta leitura, pois é uma expressão que podemos encontrar nos textos

---

[20] *Vide* Georg Rudolf Lind, *Estudos sobre Fernando Pessoa*, Lisboa, Imprensa Nacional-Casa da Moeda, 1981, p. 281.

teosóficos conhecidos pelo poeta. À "alma interna" opunha Pessoa (em consonância com as referidas teses teosóficas) a "alma externa", como podemos constatar no poema "Iniciação", quando descreve a morte (ritualizada) do iniciado: "Por fim, na funda caverna, / Os Deuses despem-te mais. / Teu corpo cessa, alma externa, / Mas vês que são teus iguais"[21].

Podemos, então, concluir que a *Mensagem* comporta sentidos ocultos para os quais o leitor tem de estar prevenido. E o próprio Pessoa nos deixou diversas pistas que nos permitem orientar na leitura do poema. Mas uma das grandezas do livro reside na possibilidade de cada um poder lê-lo à sua maneira, porque a *Mensagem* admite vários níveis de compreensão sem que o prazer da leitura saia substancialmente diminuído. Pode, portanto, com um bom timoneiro – que esclareça por exemplo que o livro não é apologético do regime então existente[22] nem nostálgico do antigo Império Colonial –, ser adoptado nas escolas como obra de leitura obrigatória, embora a comparação com *Os Lusíadas* não ilumine o seu sentido.

---

[21] Fernando Pessoa, *Poesia (1931-1935 e não datada)*, Lisboa, Assírio & Alvim, 2006, p. 87.

[22] Na verdade, a *Mensagem* foi editada sensivelmente no período em que começa a ser mais notória a aversão de Pessoa a Salazar, traduzida em poemas e comentários claramente antissalazaristas.

O Quinto Império

É igualmente como construção simbólica, utópica e mítica que se nos apresenta na *Mensagem* o Quinto Império sonhado por Pessoa. Registe-se ainda a presença, estudada por António Quadros, do profetismo relacionado com as Idades do Mundo, isto é, com o entendimento da história como um encadeamento providencialista, que conduzia necessariamente ao triunfo final das energias representativas do Bem e da Justiça e à organização definitiva do mundo de acordo com a vontade divina. Tanto para Santo Agostinho, que entendia que essa evolução se estendia por sete idades, como para o abade Joaquim de Fiore, que sustentou uma divisão em três idades (a do Pai, a do Filho e a do Espírito Santo), a Idade final seria precedida pelo Segundo Advento de Cristo. É, no entanto, evidente que a única teoria das Idades que tem presença explícita na *Mensagem*, entrelaçada com a tradição sebastianista, é a do Quinto Império. Para António Quadros, contudo, é inegável que as três tradições proféticas emergem de raízes comuns:

> Não esqueçamos que sob o mito do Quinto Império, tal como em Portugal se desenvolveu, rumorejam as raízes fortes da filosofia escatológica da história, de St.º Agostinho e do seu principal discípulo neste campo, o bracarense Paulo Orósio, que já Fernão Lopes reassumira ao dizer que com o Mestre de Avis se

abria a *Sétima Idade do Mundo,* e bem assim a profecia das *Três Idades,* do monge cisterciense Joaquim de Flora, cuja grande influência na cultura portuguesa, depois de D. Dinis e da Rainha St.ª Isabel, depois da obra dos Franciscanos Espirituais e da Ordem de Cristo, foi demonstrada por Jaime Cortesão e por Agostinho da Silva.

A *Sétima Idade* agustiniana, a *Terceira Idade* joaquimita e o *Quinto Império* católico, português e sebastianista são teorias-profecias cujas diferenças teológicas e filosóficas no fundo se religam a uma mesma visão universalista e escatológica, já que todas apontam para uma era de paz, de amor e de fraternidade. Por outras palavras, Santo Agostinho, Joaquim de Flora e o Pe. António Vieira são irmãos espirituais num mesmo combate, muito embora sigam vias diversas.[23]

É, aliás, com base na coincidência destas três tradições proféticas milenaristas (assim chamadas porque se relacionam intimamente com os receios de que o fim do milénio coincida com o fim do mundo), que Quadros explica a preponderância dos números 3, 5 e 7 (e ainda do 12, resultado da adição 5+7) na economia organizativa da *Mensagem*[24].

---

[23] António Quadros, *Fernando Pessoa. Vida, personalidade e génio,* 3ª ed., Lisboa, Dom Quixote, 1988, p. 295.

[24] Cf. António Quadros, "Estrutura simbólica da *Mensagem*", in A *ideia de Portugal na literatura portuguesa dos últimos 100 anos,* Lisboa, Fundação Lusíada, 1989, pp. 164-168.

MENSAGEM – DE FERNANDO PESSOA | 33

A génese da profecia do Quinto Império encontra-se, como se sabe, na *Bíblia*, no *Livro de Daniel*. Na época do cativeiro dos judeus na Babilónia, o rei Nabucodonosor teve uma visão, na qual via uma estátua gigantesca ser derrubada e despedaçada por uma pedra que se desprendera da montanha. A estátua tinha a cabeça de ouro fino, os braços e o peito de prata, o ventre e as ancas de bronze, as pernas de ferro e os pés de ferro e barro. Depois do fracasso da tentativa dos sábios caldeus para interpretarem a visão, foi o profeta Daniel quem a conseguiu decifrar: os materiais de que era constituída a estátua representavam a sucessão de reinos, depois do Babilónico (a cabeça de ouro), até ao surgimento de um reino definitivo que se imporá a todos os outros e subsistirá para sempre. Este reino era simbolizado pela pedra que destruía a estátua, transformando-se numa grandiosa montanha, que dominava toda a Terra, enquanto os restos da estátua se dispersavam e desfaziam[25].

A profecia de Daniel alimentou diversos messianismos medievais e tem tido uma presença recorrente na cultura portuguesa. Está indiciada n'*Os Lusíadas*[26], e conheceu um imenso incremento na

---

[25] *Vide Bíblia Sagrada, Daniel*, 2.

[26] Na epopeia camoniana, cabe a Júpiter, no discurso de abertura do consílio dos deuses (que tem lugar depois da saída

época da Restauração, sobretudo através do padre António Vieira, que, valendo-se também das *Trovas* proféticas de Bandarra, o sapateiro de Trancoso, considerou D. João IV o Encoberto e viu nele o fundador do Quinto Império. Pessoa viria a considerar que se tratava de um equívoco de Vieira e que o Encoberto era o facto abstrato da restauração da independência[27].

As referências diretas e explícitas ao Quinto Império só aparecem na Terceira Parte da *Mensagem*, "O Encoberto". Um dos poemas que integram "Os Símbolos" tem justamente como título "Quinto Império" (pp. 161-163). Compreende-se, de imediato, que a utopia do Quinto Império se encontra perfeitamente fundida com o mito sebastianista. Porque o mundo se conduz por mentiras e porque "ser descontente é ser homem", como afirma no poema, o poeta tem de acreditar, como logo se acrescenta, "na visão que a alma tem". Significativamente, o

___

das naus de Gama que descobrirão o caminho marítimo para a Índia) vaticinar que o Império português sucederá aos impérios assírio, persa, grego e romano: "Eternos moradores do luzente / Estelífero Pólo, e claro Assento: / Se do grande valor da forte gente / De Luso não perdeis o pensamento, / Deveis de ter sabido claramente / Como é dos fados grandes certo intento / Que por ela se esqueçam os humanos / De Assírios, Persas, Gregos e Romanos." (Luís de Camões, *Os Lusíadas*, ed. cit., p. 7).

[27] Cf. Fernando Pessoa, *Sobre Portugal*, ed. cit., p. 183.

MENSAGEM – DE FERNANDO PESSOA | 35

poema desenvolve-se em cinco estrofes. Insinua-se que "passados os quatro / Tempos do ser que sonhou" ("Grécia, Roma, Cristandade, / Europa", na versão do poeta), há de chegar o Império indestrutível, isto é, o momento da "verdade / Que morreu D. Sebastião". O "ser que sonhou" é evidentemente Nabucodonosor, o rei que teve a visão descodificada por Daniel. No poema "António Vieira" (p. 175), o Quinto Império não só é uma "madrugada irreal" como o espaço em que se realiza é o do "céu amplo do desejo", porque, como se confirma em "As Ilhas Afortunadas", uma das várias máscaras do Quinto Império pessoano, o lugar em que se concretiza o tão desejado Quinto Império é um sintomático não-lugar.

> São ilhas afortunas,
> São *terras sem ter lugar*
> Onde o rei mora esperando.
> Mas, se vamos despertando,
> Cala a voz, e há só o mar.
> (p. 167)

Note-se que o segundo verso (o itálico é nosso) não é mais do que a paráfrase da palavra utopia.

O Terceiro de *Os Avisos*, datado de 10-12-1928 (p. 177), é um poema que ocupa um lugar central na estrutura simbólica da *Mensagem* e cuja correta interpretação é imprescindível para a compreensão do alcance do Quinto Império almejado pelo poeta.

Sublinhe-se, em primeiro lugar que, contrariamente ao que acontece com os "avisos" anteriores, respetivamente associados ao Bandarra e a Vieira, está ausente neste poema o nome do profeta. Mas como o enunciado se apresenta na primeira pessoa do singular, é natural que entendamos que o sujeito da enunciação é o próprio autor da *Mensagem*:

> 'Screvo meu livro à beira-mágoa.
> Meu coração não tem que ter.
> Tenho meus olhos quentes de água.
> Só tu, Senhor, me dás viver.
> (p. 177)

Deixemos, por agora, em suspenso a identificação do "Senhor", que surge aqui na função sintática de vocativo. Fixemo-nos no calamitoso diagnóstico da situação presente do país implícito nesta quadra e na seguinte:

> Só te sentir e te pensar
> Meus dias vácuos enche e doura.
> Mas quando quererás voltar?
> Quando é o Rei? Quando é a Hora?
> (*idem*)

A utilização semântica e sintaticamente anormal da conjunção temporal "quando", na interrogação "Quando é o Rei", demonstra, em primeiro lugar, que o mais importante não é o rosto do "Desejado", ou melhor, que todos os nomes utilizados na *Mensagem*

(Quinto Império, Encoberto, D. Sebastião...) para o designar se equivalem, e, em segundo lugar, que o poeta está convicto de que o momento da regeneração da pátria há de chegar, faltando apenas determinar a "Hora". E a palavra "hora" (com h maiúsculo ou minúsculo) é justamente uma das mais utilizadas na *Mensagem*. Não tem portanto um significado puramente temporal. A "Hora" pessoana representa simultaneamente o momento e a substância da revelação, da nova revelação, do Encoberto, que o poeta anunciará no verso final do poema "Nevoeiro".

As duas estrofes seguintes contam-se entre as mais herméticas da *Mensagem*, o que se justifica pelo seu caráter profundamente herético em relação ao catolicismo em que se fundava o regime de Salazar:

> Quando virás a ser o Cristo
> De a quem morreu o falso Deus,
> E a despertar do mal que existo
> A Nova Terra e os Novos Céus?

> Quando virás, ó Encoberto,
> Sonho das eras português,
> Tornar-me mais que o sopro incerto
> De um grande anseio que Deus fez?
> (*idem*)

A repetição anafórica da conjunção temporal "quando", traz-nos de volta as perguntas já anteriormente colocadas, embora acrescentando novos elementos para a compreensão do significado de "Rei", de "Hora" e até de "Senhor" (vocábulos que quase se confundem).

A referência à "Nova Terra" e aos "Novos Céus" remete-nos, evidentemente, para o *Apocalipse de S. João* e para a sua visão de "novos Céus", "Nova Terra" e uma "Nova Jerusalém". Nesse contexto, o "falso Deus" pode ser o Anticristo que, no mesmo texto bíblico, antecede, com o seu reinado de terror, o segundo advento de Cristo. Mas pode igualmente referir-se à conceção da divindade própria da igreja católica e que não é partilhada pelo poeta. Quanto ao Cristo, cuja vinda o novo profeta espera que o liberte do "mal que existo", é o Cristo do Quinto Império, que ele identifica com o Encoberto.

Aliás, já em 1914, ainda de algum modo influenciado pelo messianismo da Renascença Portuguesa, Fernando Pessoa tinha deixado por completar um poema em que estas ideias surgiam de forma muito mais clara, e que merece ser aqui parcialmente transcrito, porque nele se encontra inequivocamente a génese do "Terceiro" Aviso:

> Quando virás destronar Cristo, / Ó Encoberto? / Na Fria noite onde me atristo / De não ter perto // O Desejado, e a sua espada / [...] / Minha alma busca confiada / A tua mão. // Senhor, em nenhum campo ou guerra / Na Arábia ou não / Morreste... Vives ainda e a terra / Tua visão... // Vê os cristãos venderem teu Reino / E a tua terra / Quando virás?... Quando o teu

Reino / E o fim da guerra? / Vê o Anti-Cristo, é Papa em Roma / [...] / Vem d'além de onde há mar e terra / Teu Portugal... // Cristo de Portugal, senhor / D. Sebastião! // (...) // No teu cavalo branco volta / Ao reino teu / Sob névoa que os raios solta / No novo Céu. // Depois do [...], depois do Eclipse // Quando, Adorado, // A Besta do Apocalipse, / Tornar Reinado / E a Nova Cidade de Deus / Reconquistada / Por ti e o brilhar sob os céus / Na tua estrada... // Espera-te nas nossas almas / O olhar de além / Que vê entre balouçadas palmas / Jerusalém...[28]

À luz deste poema, dir-se-ia que, afinal, o "falso Deus" é o Anticristo personificado no Papa. Ao catolicismo sucederá, então, a nova religião do Encoberto, o Quinto Império profetizado por Daniel. O Quinto Império que não é mais do que o "Sonho das eras português", porque, enquanto as tradições proféticas que assentavam nas previsões de Joaquim de Fiore e Santo Agostinho eram na sua essência universalistas, a profecia do Quinto Império, tal como a desenvolvera o messianismo lusitano, entroncando no Sebastianismo, encontrava-se adaptada à realidade portuguesa e promovia os Portugueses à condição de povo verdadeiramente eleito.

Ainda assim não deixa de existir no poema uma margem que permita considerar que se trata ape-

---

[28] Fernando Pessoa, *Poesia (1902-1917)*, Lisboa, Assírio & Alvim, 2005, pp. 235-236.

nas, no fundo, de uma questão de fé, de esperança, ou de "Sonho", que existe por si, independentemente de qualquer resultado a que se possa chegar:

> Ah, quando quererás, voltando,
> Fazer minha esperança amor?
> Da névoa e da saudade quando?
> Quando, meu Sonho e meu Senhor?
> (p. 177)

Que a esperança (a visão, o desejo) se transforme em amor e já não em dor (devido ao estado de letargia da nação), como havia sido até ali. Poder-se-á inclusivamente associar a esperança à mentira (piedosa) a que o poeta se refere na sua resposta ao inquérito "Portugal, Vasto Império".

A presença pessoana como agente do mito sebastianista (não é sem alguma razão que Luís Filipe Teixeira considera ser D. Sebastião o "heterónimo mais complexo"[29] de Pessoa) só pode surpreender quem não conheça o conjunto da sua prosa. Num texto de 1926 ou 1927 (há uma referência ao "acontecimento importante de 28 de Maio actual"), explicitou:

> No Terceiro Corpo das suas Profecias, o Bandarra anuncia o Regresso de D. Sebastião (pouco

---

[29] Cf. Luís Filipe B. Teixeira, *Pensar Pessoa*, Porto, Lello Editores, 1997, p. 81.

interessa agora o que ele entendesse por esse 'regresso') para um dos anos entre 1878 e 1888. Ora neste último ano (1888) deu-se em Portugal o acontecimento mais importante da sua vida nacional desde as descobertas; contudo, pela própria natureza do acontecimento[30], ele passou inteiramente despercebido.[31]

E não é, como se sabe, o único texto em que Fernando Pessoa insinua ser ele próprio o novo D. Sebastião ou o Encoberto que prenuncia um grande "império" cultural. "É a hora!", grita no último verso da *Mensagem:* e talvez não haja motivos para duvidar que, se o labor dos artistas de *Orpheu* não teve os continuadores que poderiam corporizar o utópico apelo da *mensagem* pessoana, ninguém poderá culpar Pessoa, ou Sá-Carneiro, ou Almada. As armas com que o poeta pretendia construir o Império são conhecidas. São as canetas dos poetas:

É um imperialismo de gramáticos? O imperialismo dos gramáticos dura mais e vai mais fundo que o dos generais. É um imperialismo de poetas? Seja. A frase não é ridícula senão para quem defende o antigo imperialismo ridículo. O imperialismo de poetas dura e domina; o dos políticos passa e esquece se o não lembrar o poeta que os cante. Dizemos Cromwell *fez,*

---

[30] É o ano em que nasceu Fernando Pessoa.
[31] Fernando Pessoa, *Sobre Portugal*, ed. cit. p. 174.

Milton *diz*. E nos termos longínquos em que não houver já Inglaterra (porque a Inglaterra não tem a propriedade de ser eterna), não será Cromwell lembrado senão porque Milton a ele se refere num soneto. Com o fim da Inglaterra terá fim o que se pode supor a obra de Cromwell, ou aquela em que colaborou. Mas a poesia de Milton só terá fim quando o tiver o homem sobre a terra, ou a civilização inteira, e, mesmo então, quem sabe se terá fim.[32]

Descontente com o país real, Pessoa não se importava de sonhar alto. Por que prometer menos que o Quinto Império, se não ia ser derramada "uma gota de sangue" e, "na pior das hipóteses", sempre ficaríamos "escrevendo melhor"[33]? Por outro lado, em diversos textos da época, o poeta vai deixando avisos de que esse Quinto Império, na sua forma mais radical e definitiva, não se inscreve no futuro imediato. É portanto, uma vez mais, o utópico "porto sempre por achar". Na carta ao Conde de Keyserling[34], explica que está para breve o

---

[32] Fernando Pessoa, *Sobre Portugal*, ed. cit. p. 240.

[33] Fernando Pessoa, *Sobre Portugal*, ed. cit. p. 239.

[34] Hermann Alexander Keyserling (1880-1946) foi um filósofo e humanista alemão, nascido em território atualmente pertencente à Estónia. Crítico do pragmatismo ocidental e aberto à influência cultural do Oriente, viajou e proferiu conferências em diversos países da Europa, América e Ásia. Visitou Lisboa, onde realizou três palestras, em abril de 1930.

segundo dia da aventura dos portugueses, mas esclarece que é ainda necessário esperar 200 anos pela "Aventura Definitiva"[35]. E noutro texto, com maior precisão cronológica, adverte que "o triplo reaparecimento do Encoberto se dá em 1640, em 1888 e em 2198"[36].

O poeta não estava portanto cego, no que dizia respeito ao atraso social, económico e cultural do país comparativamente com outras nações europeias. O percurso iniciático de um Portugal antropomorfizado e sebastianizado na *Mensagem* é no fundo apenas o percurso solitário do poeta, obrigado a assumir individualmente o peso de um país estagnado e inoperante. Fernando Pessoa, na *Mensagem*, para além de ser D. Sebastião é também Por-

---

[35] "[A segunda alma portuguesa] chegará brevemente ao segundo dia da sua manifestação, e ver-se-á então que o que foi aventura material, conquistas de costas, de pedras, de areias, tornar-se-á uma aventura formidável, supra-religiosa, passada nessa "No God's Land" que fica entre o Homem e os Primeiros Deuses. Não será ainda a Aventura Definitiva, a conquista prometida do Céu de Deus; isso só começará daqui a 200 anos, segundo a indicação dada e a vontade que foi dada para que esta indicação possa ser uma profecia" (Fernando Pessoa, *A Grande Alma Portuguesa*, Lisboa, Edições Manuel Lencastre, 1988, p. 15. Texto estabelecido, incluindo tradução do original francês, por Pedro T. da Mota).

[36] Fernando Pessoa, *Sobre Portugal*, ed. cit. p. 205.

tugal: um Portugal pequenino que se podia fazer bem maior através da poesia, da sua poesia.

Já se vê que esta alma invisível, que é aquela que verdadeiramente interessa ao poeta, é também ela uma forma de romper utopicamente com o presente sombrio que Pessoa tão desassombradamente descreveu na "Elegia na sombra", um poema escrito alguns meses depois da publicação da *Mensagem*.

António Quadros chamou a "Elegia na sombra" uma espécie de *anti-Mensagem*, o que é inteiramente verdade. Mal acabara o poeta de publicar o seu livro e de o ver premiado pelo Secretariado de Propaganda Nacional, quando entra em violento conflito com o Estado Novo, por criticar duramente no *Diário de Lisboa* de 4 de fevereiro de 1935 um projecto de lei, apresentado à Assembleia Nacional, que visava proibir a Maçonaria. Para além das censuras que choveram das publicações afetas ao governo, Fernando Pessoa sentiu-se igualmente vexado com as palavras proferidas pelo então ainda jovem ditador na cerimónia de atribuição dos prémios. Na verdade, Salazar limitou-se a ler uma parte do prefácio do primeiro volume dos seus discursos. Pessoa não esteve presente, mas pôde ler na imprensa aquele texto que exortava os intelectuais a colocarem-se ao serviço da grande causa nacional. O desânimo revelado pelo poeta contrasta profundamente com a esperança evidenciada na *Mensagem*:

Lenta, a raça esmorece, e a alegria
É como uma memória de outrem. Passa
Um vento frio na nossa nostalgia
E a nostalgia touca a desgraça.

Pesa em nós o passado e o futuro.
Dorme em nós o presente. E a sonhar
A alma encontra sempre o mesmo muro,
E encontra o mesmo muro ao despertar.

Quem nos roubou a alma? Que bruxedo
De que magia incógnita e suprema
Nos enche as almas de dolência e medo
Nesta hora inútil, apagada e extrema?[37]

---

[37] Fernando Pessoa, "Elegia na sombra", in *Poesia (1931--1935 e não datada)*, ed. cit., p. 388. Datado de 2-6-1935, este poema constitui um claro contraponto ao "otimismo" da *Mensagem*: "Pátria, quem te feriu e envenenou? / Quem, com suave e maligno fingimento / Teu coração suposto sossegou / Com abundante e inútil alimento? // Quem faz que durmas mais do que dormias? / Quem fez que jazas mais que até aqui? / Aperto as tuas mãos: como estão frias! / Mãe do meu ser que tu amas, que é de ti? // [...] Dorme, ao menos de vez. O Desejado / Talvez não seja mais que um sonho louco / De quem, por muito te ter, Pátria, amado, / Acha que todo o amor por ti é pouco (*ibidem*, p. 391).

ESTRUTURA E VALORES SIMBÓLICOS

Num ensaio já clássico, Gilberto Kujawski chamou à *Mensagem* uma "epopeia estática", aproveitando a classificação de "drama estático" atribuída pelo próprio Pessoa ao seu texto dramático *O Marinheiro*: "*Mensagem*, com os personagens cobrindo todo o primeiro plano e a ação inteiramente virtualizada, poderia bem ser definida como uma epopeia estática"[38]. De facto, falta à *Mensagem* o fio narrativo coerente que caracteriza estruturalmente a epopeia. Mas essa não é a única diferença. Desde que concebeu a realização daquilo que viria a ser a *Mensagem* (e que provisoriamente se chamou *Portugal*), Fernando Pessoa pretendeu que o seu livro estivesse acima de qualquer género literário estabelecido, isto é, que, em vez de obedecer servilmente às regras que definem os modos e os géneros, fundisse "toda a poesia, lírica, épica e dramática em algo para lá de todas elas"[39]. Por isso, mais do que de um poema épico-lírico, a *Mensagem* é um poema épico-lírico-dramático. É mesmo mais dramático e lírico do que épico, pois também ideologicamente ele

---

[38] Gilberto de Kujawski, *Fernando Pessoa, o outro*, 3ª ed., Petrópolis, Vozes, 1979, 32.
[39] Transcrito por Yvette Centeno, *op. cit.*, p. 70.

contém uma tensão entre o "poeta" e a sociedade que não existe no mundo fechado e perfeito da epopeia clássica[40].

Não podemos, finalmente, esquecer que várias das personagens do livro pessoano têm estruturalmente o estatuto de *dramatis personae*, ou seja, exprimem-se através da primeira pessoa verbal, dirigindo-se diretamente ao leitor, como se o autor fosse – como ele próprio, aliás, gostava de ser visto – apenas o meio através dos quais se transmitia a voz dos heróis.

Foi já em fase de provas, como se pode ver no original depositado na Biblioteca Nacional, que Pessoa alterou o nome do seu livro.

[40] Pode dizer-se que também o mundo da epopeia camoniana não é perfeito nem fechado. Pessoa, num artigo publicado em 1924 no *Diário de Lisboa*, saudou justamente o facto de *Os Lusíadas* serem, ao contrário de todas as outras epopeias que menciona (homéricas, romanas, italianas ou inglesas), uma "epopeia histórica" (cf. Fernando Pessoa, *Crítica. Ensaios, artigos e entrevistas*, Lisboa: Assírio & Alvim, 2000, p. 215). É evidente, no entanto, que, quanto à estrutura formal, e ao contrário da *Mensagem*, o poema camoniano se adequa escrupulosamente ao registo discursivo da epopeia.

Como se sabe, a *Mensagem* encontra-se dividida em três partes, desempenhando cada uma delas uma função específica. No "Brasão", são-nos apresentadas as pedras basilares da nossa nacionalidade: os heróis e os mártires que, agindo já sob orientação e por impulso divino, prepararam o país para as grandes realizações para que Portugal estava predestinado. Em "Mar Português", glorifica-se a proeza maior da nação lusa, aproximando-se as viagens marítimas de um percurso iniciático: os barcos dos navegadores são também "as naus da iniciação". Finalmente, "O Encoberto" explora poeticamente o mito sebástico, profetizando a iminência da concretização do Quinto Império.

Relativamente à estrutura estrófica, métrica ou rimática, *Mensagem* caracteriza-se por uma grande diversidade. Ainda que predominem as quadras, também encontramos quintilhas, sextilhas ou mesmo versos isolados. Há rimas emparelhadas, cruzadas, interpoladas, respeitando-se sempre, no entanto, a rima consoante. Nota-se, por outro lado, a ausência do romance, frequentemente usado em poemas com conteúdo semântico histórico-narrativo, assim como do decassílabo classicista. Nesse aspeto, o livro de Pessoa está bem mais próximo da forma das coletâneas líricas do que dos poemas épicos e dramáticos.

A unidade formal da *Mensagem* reside, portanto, sobretudo na arquitetura ideológica e simbólica, que António Quadros assim sintetizou, defendendo justamente a existência no livro de "uma estrutura rigorosa em termos simbólicos":

> Observe-se como as três grandes teorias proféticas em cujo *corpus* o poeta se inspirou, a das *Sete Idades* de Sto. Agostinho, reinterpretadas por Fernão Lopes; a das *Três Idades* de Joaquim de Flora, afeiçoadas por Dinis e Isabel, os Franciscanos e os Cavaleiros portugueses da Ordem do Templo – Ordem de Cristo e a dos *Cinco Impérios*, do Profeta Daniel, de Luís de Camões ou do Pe. António Vieira, estão subjacentes à poética da *Mensagem*, cuja inteira estrutura se baseia efectivamente nos números 3, 5, 7 e também 12, conjunção do 5 e do 7.[41]

Acreditamos, no entanto, que a coerência da estrutura simbólica, vai muito para além desta aritmética poética, assentando igualmente no diálogo da *Mensagem* com as correntes doutrinárias sebastianistas, templárias, maçónicas, gnósticas ou rosacrucianas de que todo o livro está impregnado. Não menos importante é a interação dialética entre as três partes que constituem a *Mensagem*, cada uma delas justificando ou exigindo aquela que imediatamente a precede ou lhe sucede. A escolha do número 3 não é, evidentemente, arbitrária:

[41] António Quadros, "Estrutura simbólica da *Mensagem*", ed. cit., p. 164.

Há em tudo três ordens de cousas: há três ordens de cousas no Ser, três ordens de cousas no Universo, três ordens de cousas no Mundo, e assim por diante. Tudo é triplo, mas o triplo ser de cada cousa consiste em três graus ou camadas, um baixo, outro médio, outro alto. Tudo o que se dá numa camada se reflecte e figura em outra. É este o princípio fundamental de toda a ciência secreta, e assim o representou o Hermes Trismegistos na fórmula, "o que está em cima é como o que está em baixo, e o que está em baixo é como o que está em cima".[42]

Não admira, assim, que a palavra hora e a palavra sonho sejam duas palavras-chave da *Mensagem*.

O substantivo sonho e as formas dele derivadas do verbo sonhar surgem 13 vezes no livro; a palavra hora (grafada com maiúscula ou minúscula, e uma única vez no plural) aparece 9 vezes. A utilização reiterada destes vocábulos remete, por um lado, para a missão a cumprir pela nação portuguesa (a *hora*, humanizada através do uso da minúsculo e divinizada pela maiúscula) e, por outra, para a dimensão utópica, com abertura semântica ao campo da prospeção virtual e da incerteza, que a palavra sonho traduz.

Analisemos, então, em particular, cada uma das três partes constitutivas do livro de Pessoa.

---

[42] Transcrito por Yvette Centeno, *op. cit.*, pp. 31-32.

O Brasão

Como o título indica, Fernando Pessoa procede na primeira parte do seu livro a uma recriação poética das armas nacionais, fazendo corresponder a cada elemento constitutivo do emblema pátrio uma personagem da história de Portugal. É obviamente o brasão monárquico, com uma alteração: o poeta colocou, como timbre, o enigmático grifo (com cabeça e asas de águia e corpo de leão) em vez da serpe alada (frequentemente confundindo-se com um dragão, como acontece na imagem que reproduzimos, utilizada na *Compilação* das obras de Gil Vicente).

Primeira Parte – Brasão

I. OS CAMPOS

Primeiro: O dos Castelos
Segundo: O das Quinas

II. OS CASTELOS

Primeiro: Ulisses
Segundo: Viriato
Terceiro: O Conde D. Henrique
Quarto: D. Tareja
Quinto: D. Afonso Henriques
Sexto: D. Dinis
Sétimo (I): D. João o Primeiro
Sétimo (II): D. Filipa de Lencastre

III. AS QUINAS

Primeira: D. Duarte, Rei de Portugal
Segunda: D. Fernando, Infante de Portugal
Terceira: D. Pedro, Regente de Portugal
Quarta: D. João, Infante de Portugal
Quinta: D. Sebastião, Rei de Portugal

IV. A COROA

Nun'Álvares Pereira

V. O TIMBRE

A Cabeça do Grifo: O Infante D. Henrique
Uma Asa do Grifo: D. João o Segundo
A Outra Asa do Grifo: Afonso de Albuquerque

Como se pode ver, O "Brasão" compõe-se de dois campos heráldicos: "O dos Castelos" e "O das Quinas". Isto é: uma componente preponderantemente guerreira e uma outra de cariz mais sacrificial. No poema apresentativo dos "Castelos", Portugal é visto como o rosto da Europa – o rosto com que a

Europa "fita, com olhar esfíngico e fatal, / O Ocidente, futuro do passado!" (p. 77). O mistério e o determinismo providencialista estão assim presentes desde o primeiro poema do livro. Mas se o futuro se apresenta radioso, a glória tem de ser conquistada com dor e emulação, como se refere no segundo poema, "O das Quinas", pois quem se satisfaz com a mediocridade não merece alcançar a grandeza que o *fatum* pressagia:

> Os Deuses vendem quando dão.
> Compra-se a glória com desgraça.
> Ai dos felizes, porque são
> Só o que passa!
>
> Baste a quem baste o que lhe basta
> O bastante de lhe bastar!
> A vida é breve, a alma é vasta:
> Ter é tardar.
> (p. 79)

Apesar de serem sete os Castelos do Brasão português, Pessoa enaltece através deles a acção de oito heróis: quatro anteriores à fundação do Reino (Ulisses, Viriato, o Conde D. Henrique e D. Teresa – a quem chama arcaicamente Tareja); o rei fundador, D. Afonso Henriques; D. Dinis, o trovador, a primeira grande figura literária da língua portuguesa, mas também o precursor das Descobertas, o "plantador de naus a haver"; e finalmente, partilhando o

MENSAGEM – DE FERNANDO PESSOA | 55

sétimo castelo, o rei e a rainha que originaram a dinastia responsável pela expansão ultramarina, D. João o Primeiro e D. Filipa de Lencastre.

A escolha não é aleatória, evidentemente. A inclusão dos dois primeiros tem sobretudo a função de mitificar desde a origem a história de Portugal. Mas enquanto a lendária fundação de Lisboa por Ulisses é claramente assumida como uma narrativa mítica, a ação de Viriato, o chefe dos Lusitanos, não é propriamente mítica mas sim mitificada. A existência de Viriato e a grandeza dos seus feitos são já um sinal divino que prenuncia o destino glorioso da futura nação portuguesa e onde, de alguma forma, já se inscrevem embrionariamente os *highlights* da história nacional:

> Teu ser é como aquela fria
> Luz que precede a madrugada,
> E é já o ir a haver o dia
> Na antemanhã, confuso nada.
> (p. 85)

As duas personalidades seguintes são o pai e a mãe do primeiro rei, tendo por isso também o estatuto de pais da Pátria. Mas o Conde D. Henrique é ainda um herói involuntário da aventura da nacionalidade de que Deus é o verdadeiro agente, enquanto D. Teresa (ou melhor, D. Tareja) é muito mais a mãe da pátria do que simplesmente a progenitora do primeiro rei, porque *O homem*, envelhecido, *que foi o* seu *menino* não é Afonso Henriques, mas Portugal[43].

D. Afonso Henriques, por sua vez, é o primeiro herói-agente da *Mensagem*. Através da invocação da sua força e do seu exemplo, os leitores do poema tomam consciência da importância do contributo da ação humana na construção do futuro grandioso para o qual o país está fadado. Apresentado como cavaleiro (e, por isso, associado à tradição secreta do cristianismo que Pessoa tanto venerava), D. Afonso é claramente um símbolo e um exemplo de honra e de valentia:

> Dá, contra a hora em que, errada,
> Novos infiéis vençam,
> A bênção como espada,
> A espada como bênção!
> (p. 91)

D. Dinis é outra das figuras fulcrais da nacionalidade lusa. Por um lado, foi o primeiro grande vulto das letras portuguesas; por outro, foi ele que mandou plantar os pinhais de cuja madeira se fizeram os barcos que descobriram o mundo ("plantador de naus a haver"), mas acima de tudo, e é estranho que

---

[43] "Teu seio augusto amamentou / Com bruta e natural certeza / O que, imprevisto, Deus fadou. / Por ele reza! // Dê tua prece outro destino / A quem fadou o instinto teu! / O homem que foi o teu menino / Envelheceu." (p. 89)

Pessoa não o assinale claramente no poema que lhe é dedicado, foi ele o salvador dos Templários portugueses, tendo conseguido autorização papal para transformar a Ordem do Templo na Ordem de Cristo, que viria a ter a jurisdição espiritual das Descobertas.

Tem também um simbolismo preciso a coocupação do sétimo Castelo pelos progenitores da "ínclita geração": essa valorização simultânea do princípio masculino e do princípio feminino constituem uma simulação poética da simbologia esotérica (e não só esotérica, obviamente) da génese do mundo. Atente-se, sobretudo, no facto de "D. João o Primeiro" ser classificado de "Mestre [...] do Templo / Que Portugal foi feito ser" e de D. Filipa de Lencastre ser apelidada de "Princesa do Santo Gral".

Se os Castelos representam a força, as Quinas são uma transposição para o Brasão português das chagas de Cristos. De acordo com uma lenda nacional reproduzida pelo historiador alcobacense Frei Bernardo de Brito, terá sido o próprio Cristo a oferecê-las ao primeiro rei de Portugal, momentos antes da decisiva batalha de Ourique. Elas simbolizam, portanto, o sangue derramado pelos heróis-mártires da história nacional. Para António Quadros, não é muito fácil explicar a escolha das personagens ilustrativas das Quinas[44] da *Mensagem*, mas a verdade é

---

[44] Cf. António Quadros, "Estrutura simbólica da *Mensagem*", ed. cit., p. 165.

que Pessoa conseguiu dar expressão poética ao martírio de cada uma delas, que não pode confundir-se com o fracasso. Curiosamente, da galeria de personagens do "Brasão", só estas se exprimem na primeira pessoa verbal, o que indicia uma grande proximidade entre o poeta e estes heróis trágico-épicos (D. Duarte, D. Fernando, D. Pedro, o infante D. João e D. Sebastião) que, apesar do sofrimento ou da derrota, mantêm os traços de grandeza próprios de quem foi escolhido para cumprir um destino.

É de sublinhar que o poema "D. Fernando, Infante de Portugal", escrito em 1913, é o mais antigo da *Mensagem*. Originalmente intitulava-se "Gládio" e nada tinha que ver com o "Infante Santo", aprisionado em Fez. É evidente que este Fernando é também o próprio Fernando Pessoa, *consciente* de que a providência divina lhe reservava um lugar entre os eleitos:

> Pôs-me as mãos sobre os ombros e doirou-me
> A fronte com o olhar;
> E esta febre de Além, que me consome,
> E este querer grandeza são seu nome
> Dentro em mim a vibrar.
> (p. 103)

Consciente e ao mesmo tempo desconfiado, se não descrente, porque pelas Quinas perpassam todas as dúvidas e incertezas quanto ao destino glorioso da pátria e do próprio poeta. Mas, como também regis-

MENSAGEM – DE FERNANDO PESSOA | 59

tou em vários fragmentos em prosa, diz-nos na *Mensagem*, por exemplo através da voz que empresta a D. Duarte, que, ainda que a meta não seja alcançada, vale a pena o sacrifício:

> Cumpri contra o Destino o meu dever.
> Inutilmente? Não, porque o cumpri.
> (p. 101)

Outro herói inevitável na *Mensagem* é Nun'Álvares Pereira, mitificado por sucessivas gerações de cronistas e historiadores, de Fernão Lopes a Oliveira Martins, que Pessoa transforma no Galaaz da sua utopia sebastianista. Apesar de não ter sido rei, Pessoa faz dele o portador de "A Coroa" do Brasão de Portugal:

> 'Sperança consumada,
> S. Portugal em ser,
> Ergue a luz da tua espada
> Para a estrada se ver!
> (p. 113)

"O Timbre" tem três subdivisões: a cabeça do grifo é o "Infante D. Henrique"; as asas são "D. João o Segundo" e "Afonso de Albuquerque". No seu conjunto personificam a grandeza do antigo Império Colonial Português: o Infante representa a extensão territorial; D. João, a força espiritual (não necessita mover um dedo para encher "de estar presente o mar e o céu", p. 119); Afonso de Albuquerque simboliza a força material, o domínio do mundo pelos portugueses dos séculos XV e XVI.

> De pé, sobre os países conquistados
> Desce os olhos cansados
> De ver o mundo e a injustiça e a sorte.
> Não pensa em vida ou morte,
> Tão poderoso que não quer o quanto
> Pode, que o querer tanto
> Calcara mais do que o submisso mundo
> Sob o seu passo fundo.
> Três impérios do chão lhe a Sorte apanha.
> Criou-os como quem desdenha.
> (p. 121)

Mar Português: a Aventura da Iniciação

Das três partes em que se divide a *Mensagem* de Fernando Pessoa é a segunda ("Mar Português") aquela que melhor aceita a confrontação com a epopeia e particularmente com a grande epopeia nacional, *Os Lusíadas*. O tema, comum ao texto camoniano, é o que está inscrito na epígrafe latina que o encabeça: "*Possessio Maris*".

Repetidas vezes Pessoa defendeu que na aventura marítima dos portugueses estava já inscrito o futuro "Quinto Império". Esta vocação premonitória dos descobrimentos aparece refletida logo no primeiro dos poemas de "Mar Português":

Quem te sagrou criou-te português.
Do mar e nós em ti nos deu sinal.
Cumpriu-se o Mar, e o Império se desfez.
Senhor, falta cumprir-se Portugal!
("O Infante", p. 127)

Há nesta parte da *Mensagem* um fio narrativo relativamente coerente, ainda que a narrativa se apresente desconexa e fragmentada. Mas, ao lado desta linha diacrónica, ou seja, que respeita a cronologia das Descobertas, deparamos com uma outra estrutura, circular, que coexiste com a primeira. Historicamente, começa-se com o precursor dos Descobrimentos (o Infante Dom Henrique) e acaba-se com o pós-Alcácer Quibir (a esperança na repetição das façanhas dos grandes descobridores); por outro lado, o último poema de "Mar Português" comporta o mesmo apelo do inicial:

Senhor, a noite veio e a alma é vil.
Tanta foi a tormenta e a vontade!
Restam-nos hoje, no silêncio hostil,
O mar universal e a saudade.

Mas a chama, que a vida em nós criou,
Se ainda há vida ainda não é finda.
O frio morto em cinzas a ocultou:
A mão do vento pode erguê-la ainda.

Dá o sopro, a aragem – ou desgraça ou ânsia –,
Com que a chama do esforço se remoça,

E outra vez conquistemos a Distância –
Do mar ou outra, mas que seja nossa!
("Prece", p. 151)

Não é irrelevante o facto de serem doze os poemas que constituem "Mar Português", como muito bem refere António Quadros:

> É tão rica a simbólica deste número que só poderemos reter aqui algumas das suas significações: a de que era um *número de eleição*, o número do povo de Deus, do povo eleito: os 12 filhos ou as 12 tribos de Israel, os 12 frutos da árvore da vida, os 12 discípulos de Cristo, as 12 portas da Jerusalém Celeste no Apocalipse de S. João, os 12 fundamentos da Cidade do futuro, em *ouro fino*, o número da Igreja triunfante, o número do ciclo completo do *cumprimento*, que por isso é o número dos Cavaleiros do Rei Artur, que hão-de encontrar o Graal perdido.[45]

Se o último ponto pode incluir os 12 signos do Zodíaco ou os 12 meses do ano (ou ainda as 12 horas de uma volta completa no relógio), falta acrescentar que, por ser tudo isto, o número 12 é também o símbolo da repetição essencial, do eterno retorno.

Para melhor captarmos o duplo sentido de "Mar Português", iremos recorrer ao conceito de *isotopia*,

---

[45] António Quadros, "Estrutura simbólica da *Mensagem*", ed. cit., p. 166.

um termo que A. J. Greimas foi buscar ao domínio da físico-química para designar a iteração de uma unidade linguística de modo a tornar possível a apreensão de um discurso como um todo de significação[46]. Na nossa opinião, a "Segunda Parte" da *Mensagem* admite perfeitamente ser submetida a duas leituras complementares, de acordo com duas isotopias distintas: a isotopia das descobertas marítimas e a isotopia da iniciação.

À luz da primeira isotopia, "Mar Português" tem de ser entendido como a narração, episódio a episódio, da epopeia marítima dos portugueses. No primeiro poema, salienta-se a íntima ligação entre a aventura marítima e a vontade divina ("Deus quer, o homem sonha, a obra nasce"). O segundo poema, "Horizonte", revela-nos como o desconhecido vai ganhando forma à medida que as naus se aproximam das costas longínquas. O terceiro poema relata o feito de Diogo Cão:

> Este padrão sinala ao vento e aos céus
> Que, da obra ousada, é minha a parte feita:
> O por-fazer é só com Deus.
> ("Padrão", p. 131)

"O Mostrengo" é um poema com evidentes relações intertextuais com um episódio d'*Os Lusíadas* –

---

[46] Cf. A. J. Greimas/J. Courtés, *Dicionário de Semiótica*, São Paulo, Cultrix, s/d., pp. 245-248.

o episódio do Adamastor. Tal como no poema camoniano ocorre com o Adamastor, o Mostrengo é a ilustração simbólica dos obstáculos com que deparam os navegadores portugueses. "Epitáfio para Bartolomeu Dias", quinto poema de "Mar Português", é uma justa homenagem ao "Capitão do Fim". Ou seja, ao descobridor do cabo mais meridional de África. O sexto poema fala-nos dos "outros", "Os Colombos", os que alcançaram a glória devido a "uma luz emprestada", porque não estão, como os portugueses, predestinados à grandeza. É a evocação da descoberta fortuita da América, subsidiária dos descobrimentos lusos. Com o sétimo poema, "Ocidente", o ciclo das descobertas é dado praticamente por findo, uma vez que os poemas dedicados aos feitos de Fernão de Magalhães e Vasco da Gama são, sobretudo, evocativos da morte destes grandes descobridores. Em "Ocidente" evidencia-se a perfeita concordância entre "o Acto e o Destino" nas descobertas marítimas dos portugueses:

Fosse Acaso, ou Vontade, ou Temporal
A mão que ergueu o facho que luziu,
Foi Deus a alma e o corpo Portugal
Da mão que o conduziu.
(p. 141)

No oitavo poema descreve-se a dança dos Titãs, filhos da Terra, que celebram a morte de Fernão de Magalhães, o circum-navegador que comandava a expedição que dava a primeira volta ao mundo. Dançam de alegria porque o navegador não logrou "cingir o materno vulto", ignorando que, apesar de ter falecido, Magalhães continua a comandar espiritualmente a armada:

> Violou a Terra. Mas eles não
> O sabem, e dançam na solidão;
> E sombras disformes e descompostas,
> Indo perder-se nos horizontes,
> Galgam do vale pelas encostas
> Dos mudos montes.
> ("Fernão de Magalhães", p. 143)

O nono poema dá-nos conta das circunstâncias que rodearam a "Ascensão de Vasco da Gama" – descobridor do caminho marítimo para a Índia – aos céus, que fez pasmar, inclusivamente, "os Deuses da tormenta e os gigantes da terra". No décimo inteiramo-nos da dor e do luto que as viagens ocasionaram, apesar de serem simultaneamente uma dádiva do Céu:

> Quem quer passar além do Bojador
> Tem de passar além da dor.
> Deus ao mar o perigo e o abismo deu,
> Mas nele é que espelhou o céu.
> ("Mar Português", p. 147)

O ciclo histórico encerra-se com a derradeira nau, que desaparece "levando a bordo El-Rei D. Sebastião":

Não voltou mais. A que ilha indescoberta
Aportou? Voltará da sorte incerta
Que teve?
Deus guarda o corpo e a forma do futuro,
Mas Sua luz projecta-o, sonho escuro
E breve.
("A Última Nau", p. 149)

"Prece", o poema final, é uma oração-apelo para que a Pátria consiga sair da noite em que se afunda e novamente conquistar "a Distancia – / Do mar ou outra, mas que seja nossa!".

***

Abordemos agora "Mar Português" de acordo com a isotopia da iniciação. Para Serge Hutin, a iniciação pode ser definida como "um processo destinado a realizar psicologicamente num indivíduo a passagem de um estado considerado inferior do ser para um estado superior"[47]. Para Fernando Pessoa, "o verdadeiro significado da iniciação é o de ser este mundo visível em que vivemos um símbolo e uma sombra, e o de ser esta vida que conhecemos por intermédio dos sentidos uma morte e um sono, é o de ser quanto vemos uma ilusão. A iniciação é

---

[47] Serge Hutin, *As sociedades secretas*, Lisboa, Inquérito, s/d., p. 12.

MENSAGEM – DE FERNANDO PESSOA | 67

o desfazer – um desfazer gradual e parcial – dessa ilusão"[48].

O Infante é manifestamente um iniciado, mas um iniciado pertencente a um escol muito especial: o daqueles que não receberam a iniciação da mão de "exotéricos ou esotéricos menores", nem mesmo de "Mestres ou Esotéricos Maiores", mas "directamente, e por cima destes todos, das mesmas mãos, do que chamamos Deus"[49]. Em "Horizonte", descreve-se simbolicamente a viagem de um iniciado em busca da Verdade oculta. Há uma nítida ascese iniciática, onde também é visível a proximidade ou confluência entre o esoterismo e o neoplatonismo[50]:

O sonho é ver as formas invisíveis
Da distância imprecisa, e, com sensíveis

[48] O excerto aqui reproduzido destinava-se ao "Essay on Iniciation" e foi publicado por Yvette Centeno em *Fernando Pessoa e a filosofia hermética*, ed. cit. A tradução é de António Quadros e foi publicada *in* Fernando Pessoa, *A procura da verdade oculta. Textos filosóficos e esotéricos*, ed. cit., p. 178.

[49] Cf. Fernando Pessoa, *Sobre Portugal*, ed. cit., p. 173.

[50] Ou seja, a realidade oculta é que é a autêntica Verdade. Já na época helenística, nomeadamente através de Plotino, o hermetismo e o platonismo dialogavam intensamente. Mas deve, sobretudo, assinalar-se a importância do esoterismo no humanismo renascentista, expressada, por exemplo, na tradução por Marsilio Ficino do *Corpus Hermeticum* atribuído a Hermes Trismegisto. Filósofo neoplatónico e hermético, Giordano Bruno, seria executada na fogueira, em 1600, pela inquisição romana.

> Movimentos da esp'rança e da vontade,
> Buscar na linha fria do horizonte
> A árvore, a praia, a flor, a ave, a fonte –
> Os beijos merecidos da Verdade.
> (p. 129)

Por algum motivo, de resto, Pessoa se refere aos barcos dos descobridores como "naus da iniciação".

Encontramos em "Padrão" a conceção rosacruciana de uma hierarquia de mundos e mesmo de deuses, a que Fernando Pessoa se refere na mais famosa das cartas que escreveu[51]:

> E a cruz ao alto diz que o que me há na alma
> E faz a febre em mim de navegar
> Só encontrará de Deus na eterna calma
> O porto sempre por achar.
> (p. 131)

Passemos agora a transcrever um poema estreitamente relacionado com os poemas de "Mar Português" que se seguem, o poema "Iniciação":

---

[51] Referimo-nos à carta a Adolfo Casais Monteiro, datada de 13 de janeiro de 1935. Essa carta contém alguns parágrafos – um dos quais já transcrito no primeiro capítulo deste livro – sobre a posição de Pessoa perante o ocultismo, os quais foram mantidos secretos, por desejo expresso do poeta, até à sua inclusão no vol. II de *Vida e Obra de Fernando Pessoa*, de João Gaspar Simões, Lisboa, Bertrand, 1954.

Não dormes sob os ciprestes,
Pois não há sono no mundo.,
... ...
O corpo é a sombra das vestes
Que encobrem teu ser profundo.

Vem a noite, que é a morte,
E a sombra acabou sem ser.
Vais na noite só recorte,
Igual a ti sem querer.

Mas na Estalagem do Assombro
Tiram-te os Anjos a capa:
Segues sem capa no ombro,
Com o pouco que te tapa.

Então Arcanjos da Estrada
Despem-te e deixam-te nu.
Não tens vestes, não tens nada:
Tens só teu corpo, que és tu.

Por fim, na funda caverna,
Os Deuses despem-te mais.
Teu corpo cessa, alma externa,
Mas vês que são teus iguais.

... ...
A sombra das tuas vestes
Ficou entre nós na Sorte.
Não 'stás morto, entre ciprestes.
... ...
Neófito, não há morte.[52]

---

[52] Fernando Pessoa, *Poesia (1931-1935 e não datada)*, ed. cit.,
pp. 86-87.

Este poema foi publicado na revista *Presença*, em 1932. Outros textos pessoanos (ou mesmo de outros autores) poderiam ser invocados para ilustrar o processo e as etapas da iniciação, mas o que nos interessa é demonstrar que estas etapas estão também presentes nos poemas de "Mar Português".

Não é inegável a relação do Mostrengo, habitante de cavernas não desvendadas, com os deuses que despem o iniciado na "funda caverna"? Se o neófito se descobre igual aos deuses, aqui é o Mostrengo que reconhece os navegadores portugueses como seus iguais:

> "Quem vem poder o que só eu posso,
> Que moro onde nunca ninguém me visse
> E escorro os medos do mar sem fundo?"
> ("O Mostrengo", p. 133)

Bartolomeu Dias, por seu lado, é-nos apresentado como dobrador do "Assombro" (recordemos a "Estalagem do Assombro"):

> Dobrado o Assombro,
> O mar é o mesmo: já ninguém o tema!
> ("Epitáfio de Bartolomeu Dias", p. 137)

Neste caso, vamos ainda socorrer-nos de uma passagem em prosa da autoria do poeta, divulgada por Yvette Centeno, passagem que ajudará a compreender a mensagem esotérica do poema, e que é, no fundo, o desenvolvimento das palavras atribuídas a Hermes Trimegisto, que Fernando Pessoa considerou "a grande regra do Oculto" ("o que está em baixo é como o que está em cima")[53]: "Passado o Adito, as verdades do Átrio e as do Claustro, opostas entre si, unem-se numa mesma verdade. Mas aí a iniciação é plenária, divina, e não se pode dar ideia dela por meio de quaisquer palavras, qualquer que seja a linguagem, directa ou indirecta, que se lhes faça falar"[54]. No "Epitáfio de Bartolomeu Dias", contudo, o poeta logrou traduzir poeticamente o resultado da revelação: "Atlas, mostra alto o mundo no seu ombro".

Nos poemas "Os Colombos" e "Ocidente" regressa a problemática da predestinação. "Os Colombos" não integrava as duas primeiras versões publicadas de ""Mar Português""[55], as quais, no

[53] *Vide* Yvette Centeno, *op. cit.*, p. 54. *Vide*, igualmente, Édouard Schuré, *Os grandes iniciados/Hermes*, São Paulo, Martin Claret, 1966, pp. 69-77.

[54] A frase é, como se disse, de Fernando Pessoa. *Vide* Yvette Centeno, *op. cit.*, p. 57.

[55] "Mar Português" foi publicado inicialmente no n.° 4 da revista *Contemporânea*, em outubro de 1922, tendo reaparecido no jornal *Revolução*, em 16 de junho de 1933. Exceuando-se "Ironia", substituído por "Os Colombos", os poemas eram basicamente os que constituem a "Segunda Parte" da *Mensagem*. "Os Colombos" encontra-se na p. 139 da edição que estamos a utilizar.

mesmo lugar, incluíam "Ironia", que cumpria historicamente a mesma função mas não comportava a simbologia religiosa do novo poema[56]: a "auréola" dos outros descobridores é apenas o reflexo de "uma luz emprestada" por aqueles que foram verdadeiramente fadados para fazer "história". O poema "Ocidente" (primitivamente intitulado "Os Descobridores do Ocidente") sofreu alterações muito ligeiras, relativamente à sua versão inicial, com a introdução de lexemas conotadores do caminho para o oculto. Assim, onde antes se lia "A mão que o Oeste a estes entregou", passou a ler-se "A mão que ao Ocidente o véu rasgou"; e onde se lia "Da mão que consumou", passou a ler-se "Da mão que desvendou"[57].

[56] Transcrevemos o poema para melhor facilitar a confrontação:

> Faz um a casa onde outro pôs a pedra.
> O galego Colón, de Pontevedra,
> Seguiu-nos para onde nós não fomos.
> Não vimos da nossa árvore esses pomos.

> Um Império ganhou para Castela,
> Para si glória merecida – aquela
> De um grande longe aos mares conquistado.
> Mas não ganhou o tê-lo começado.

[57] A versão mais antiga pode ser lida na *Fotobibliografia de Fernando Pessoa* (organização, introdução e notas de João Rui de Sousa), Lisboa, Imprensa Nacional-Casa da Moeda/Biblioteca Nacional, 1988, p 210. A mais moderna, in *Mensagem*, ed. cit., p. 141.

Nos poemas VIII, IX e XI consuma-se a ascensão iniciática para a morte/conhecimento. Esta identificação entre morte (real ou simbólica) e conhecimento é, de resto, a própria essência de todas as tradições iniciáticas. No poema VIII, "Fernão de Magalhães", aparece-nos a dicotomia "alma externa" (corpo)/ "alma interna"[58]: não obstante a morte física de Magalhães, é a sua alma que comanda a armada até ao final da circum-navegação. No poema XI dá-se a fusão desta visão iniciática da morte com o mito do Encoberto, personificado na figura do rei D. Sebastião, e identificável ou não com o próprio poeta, individualmente, consoante a leitura que se faça dos versos que passamos a transcrever:

> Ah, quanto mais ao povo a alma falta,
> Mais a minha alma atlântica se exalta
> E entorna,
> E **em mim**, num mar que não tem tempo ou
> 'spaço
> Vejo entre a cerração teu vulto baço
> Que torna.
>
> Não sei a hora, mas sei que há a hora,
> Demore-a Deus, chame-lhe a alma embora
> Mistério.

---

[58] Cf. "No Túmulo de Christian Rosencreutz", in Fernando Pessoa, *Poesia (1931-1935 e não datada)*, ed. cit., pp. 439-441.

Surges ao sol em mim, e a névoa finda:
A mesma, e trazes o pendão ainda
Do Império.[59]
("A Última Nau", p. 149)

No X poema, não por acaso intitulado "Mar Português", há que atentar sobretudo na polissemia dos dois versos finais, que permitem uma leitura predominantemente lírica, épica, cristã ou iniciática:

Deus ao mar o perigo e o abismo deu,
Mas nele é que espelhou o céu.
(p. 147)

Em "Prece", finalmente, roga-se a Deus que permita à alma concluir a obra iniciada.

Como se vê, não encontramos nesta leitura iniciática a mesma linearidade que encontrámos na leitura propriamente histórica, o que se prende com a própria indefinição esotérica de Pessoa, influenciado por leituras persistentes mas desordenadas, e influenciável, como várias vezes confessou, por tudo aquilo que o perturbasse. Acreditando ou não na unidade profunda de todas as correntes esotéricas, o própria poeta reclamou para o seu livro a vinculação ao "simbolismo templário e rosicruciano"[60], a par do imaginário maçónico e sebastianista.

---

[59] Sublinhados nossos.

[60] Fernando Pessoa, *Páginas íntimas e de auto-interpretação*, ed. cit., p. 434.

Curiosamente, e ao contrário do que sucede com outros textos pessoanos manifestamente inspirados em Virgílio, não têm sido dedicada atenção às incidências virgilianas (mais exatamente da "Bucólica V") nos poemas "Fernão de Magalhães" e "Ascensão de Vasco da Gama". Tal como a *Mensagem*, também as *Bucólicas* de Virgílio se encontram imbuídas de um messianismo que tem permitido diversas leituras esotéricas[61]. A "Bucólica V" é entendida como o coração da arquitetura secreta da obra, descrevendo a ascensão do pastor Dáfnis ao Olimpo e a sua divinização. As afinidades entre a Bucólica e os dois poemas de Fernando Pessoa são notórias – apesar de algumas divergências textuais – tanto no plano ideológico como no lexical, como se pode ver através da confrontação de alguns excertos da V Bucólica com os versos pessoanos:

FERNÃO DE MAGALHÃES
De quem é a dança que a noite aterra?
São os Titãs, os filhos da Terra,
Que dançam da morte do marinheiro
Que quis cingir o materno vulto –

---

[61] Uma boa síntese dessas leituras encontra-se na "Nota preliminar" a Virgílio, *Bucólicas*. Tradução e notas de Péricles Eugénio da Silva Ramos, São Paulo, Editora Universidade de Brasília / Melhoramentos, 1982.

Cingi-lo, dos homens, o primeiro –
(...) (p. 143)

ASCENSÃO DE VASCO DA GAMA
Os Deuses da tormenta e os gigantes da terra
Suspendem de repente o ódio da sua guerra
E pasmam. Pelo vale onde se ascende aos céus
Surge um silêncio, e vai, da névoa ondeando os véus,
Primeiro um movimento e depois um assombro.
Ladeiam-no, ao durar, os medos, ombro a ombro,
E ao longe o rastro ruge em nuvens e clarões.

Em baixo, onde a terra é, o pastor gela, e a flauta
Cai-lhe, e em êxtase vê, à luz de mil trovões,
O céu abrir o abismo à alma do Argonauta.
(p. 145)

BUCÓLICA V
Morto de fim cruel, as Ninfas pranteavam Dáfnis;
as Ninfas bem as vistes, vós, ó rios e aveleiras,
quando abraçada ao corpo lamentável de seu filho
a mãe chamava os deuses de cruéis, chamava os astros ...
(...) Dáfnis foi o primeiro que jungiu tigres da Arménia;
Dáfnis, que introduziu as danças (...)

Dáfnis, a resplender contempla o limiar do Olimpo
e vê debaixo de seus pés as nuvens e as estrelas.
Logo alegre volúpia enche as florestas e os mais campos
e toma Pã, toma os pastores, toma as jovens Dríades.
Os rebanhos o lobo não espreita, nem se aplica
com astúcia a rede aos corvos: o bom Dáfnis ama a paz
Os próprios montes não tosados lançam às estrelas

clamores de alegria; as próprias pedras e arvoredos entoam este canto: "Deus, Menalcas, ele é um deus!"[62]

Acrescente-se que esta ascensão de Dáfnis tem sido interpretada como a descrição alegórica da subida de César aos Céus, o que um leitor interessado da obra de Virgílio, como o foi Fernando Pessoa[63], não poderia desconhecer.

O Encoberto

A inter-relação entre a segunda e a terceira partes da *Mensagem*, respetivamente "Mar Português" e "O Encoberto", está perfeitamente esclarecida na

---

[62] Virgílio, *op. cit.*, pp. 91 e 93. Não há, obviamente, imitação ou palimpsesto da parte de Fernando Pessoa (o que já acontece com as *Odes* de Ricardo Reis relativamente a Horácio), mas sim sugestão. Atente-se na apoteose das subidas, na paz e na alegria ou no assombro que se apossam do mundo, na forma como a natureza homenageia os defuntos na sua ascensão aos céus, no vocabulário utilizado, e, por último, na evocação final de um ambiente bucólico – no caso de Fernando Pessoa, dificilmente justificável sem aceitar a ideia da sugestão.

[63] Há várias referências a Virgílio na obra de Fernando Pessoa, que chegou a pensar traduzir a *Eneida*. Na poesia de Caeiro há inclusivamente uma alusão directa aos "pastores de Virgílio" (Alberto Caeiro, *Poesia*, Lisboa, Assírio & Alvim, 2001, p. 45).

carta ao Conde de Keyserling, que visitou o nosso país em 1930. Para Fernando Pessoa, o Conde de Keyserling não conseguira ver o verdadeiro Portugal. Tendo o nosso país uma tripla natureza, ele não conseguira ir além da menos interessante de todas:

> Há um Portugal Triplo. Um nasceu com o próprio país: é esta alma da própria terra, emotiva sem paixão, clara sem lógica, enérgica sem sinergia, que encontrará no fundo de cada Português, e que é verdadeiramente um reflexo espelhante deste céu azul e verde cujo infinito é maior perto do Atlântico. O terceiro Portugal, que encontrareis à superfície dos Portugueses visíveis, é aquele que depois da curta dominação espanhola, e durante todo o curso inanimado da dinastia de Bragança, da sua decomposição liberal, e da República, formou esta parte do espírito português moderno que está em contacto com a aparência do mundo. (...) Encontrou-se o senhor em face desta terceira alma portuguesa.[64]

O que ficara fora da sua vista fora justamente a segunda natureza (ou a segunda alma), que ligava as Descobertas marítimas portuguesas ao sonho profético do Quinto Império:

> O Portugal essencial – a Grande Alma portuguesa, em toda a sua profundidade aventurosa e trágica – foi-

---

[64] Fernando Pessoal, *A Grande Alma Portuguesa*, ed. cit., pp. 13-14.

-lhe vedada. (...) Escute... Há uma segunda alma portuguesa, nascida (isto é apenas uma indicação cronológica) com o começo da nossa segunda dinastia, e retirada da superfície da acção com o fim – o fim trágico e divino – desta dinastia. Depois da batalha de Alcácer-Quibir, onde o nosso Rei e Senhor DOM SEBASTIÃO foi atingido pelas aparências da morte – não sendo senão símbolo, não era possível morrer –, a alma portuguesa, que procurará em vão, tornou-se subterrânea. A partir daí tornou-se verdadeira, pois a sua origem era também subterrânea, e veio-nos de mistérios antigos e de sonhos antigos, de histórias contadas aos Deuses possíveis antes do Caos e da Noite, fundamentos negativos do mundo.[65]

Não é difícil descobrir que esta alma invisível, que é aquela que verdadeiramente interessa ao poeta, é, também ela, uma forma de romper utopicamente com o presente sombrio que Pessoa tão desassombradamente descreveu na "Elegia na sombra".

"O Encoberto" é a parte mais caracteristicamente profética da *Mensagem,* e, consequentemente, aquela onde se desenha mais claramente o rosto velado da utopia pessoana. Além disso, esta terceira parte é também, de certo modo, a síntese de todo o livro. Isso não decorre exclusivamente do facto de ser a conclusão profética de determinadas observações, uma vez que, para além disso, e em consonância

[65] *Ibidem*, p. 14.

com arquitetura esotérica do texto, já referida no início deste capítulo, "O Encoberto" contém em si as restantes partes. À parte I da *Mensagem* (Brasão), que contém os símbolos nacionais, corresponde a primeira parte de "O Encoberto" ("Os Símbolos"); a "Mar Português" correspondem "Os Avisos", uma vez que a aventura das Descobertas é vista como um prenúncio do futuro glorioso reservado para Portugal; e à própria parte III de *Mensagem* corresponde a terceira parte de "O Encoberto", ou seja, "Os Tempos", em que faz, de certo modo, a cronologia simbólica do advento do Encoberto. A epígrafe inicial, "Pax in Excelsis" (isto é, "Paz no Céu"), remete-nos para um ideal de fraternidade e júbilo, que caracterizará o Quinto Império, para o qual também aponta Augusto Ferreira Gomes, no livro que dedicou a Pessoa:

> Quando, dado o Sinal, o Império for
> e quando o Ocidente ressurgir,
> no momento marcado hão-de tinir
> pelos ares as trombetas do Senhor.
> E haverá, pelos céus, só paz e amor.[66]

[66] Augusto Ferreira Gomes, *Quinto Império*, Lisboa, Parceria A. M. Pereira, 2003, p. 61. Na realidade, o livro de Ferreira Gomes, grande amigo de Pessoa e seu parceiro de indagações esotéricas, é dedicado "a Fernando Pessoa, nascido no ano certo". O "ano certo" é, como já vimos, 1888, que corresponde ao nascimento do poeta, e que seria, de acordo com as inter-

Em *Ideologia e Utopia*, Paul Ricœur sustenta que, contrariamente à ideologia (mais facilmente negada que afirmada), cada utopia particular tem o seu autor[67]. Tal não invalida, pensamos, que a utopia assuma também geralmente um caráter de *solução* coletiva (refletindo a inserção social do escritor e a sua visão crítica da sociedade). Isso já era visível na *Utopia* de Thomas More, mas no caso de Fernando Pessoa estamos perante uma verdadeira tentativa de criação de uma *utopia nacional*. Por isso mesmo o poeta se apropriou poeticamente, na primeira e na segunda partes do seu livro, dos símbolos e dos valores da pátria. "Os Símbolos" da terceira parte são os rostos ou, se preferirmos, as cinco máscaras da utopia nacional pessoana: "D. Sebastião", "O Quinto Império", "O Desejado, "As Ilhas Afortunadas", "O Encoberto".

pretações das profecias de Bandarra realizadas pelos dois amigos, igualmente a data prevista para o segundo advento do Encoberto. *Quinto Império* tinha ainda como epígrafe uma quadra de Nostradamus, que ajuda a concretizar o quadro interpretativo em que Fernando Pessoa emerge como a própria reincarnação do Encoberto: "Du plus profond de l'Occident d'Europe, / De pauvres gens un jeune enfant naistra: / Qui par sa langue séduira grande troupe, / Son bruit au règne d'Orient plus croistra." O livro de Augusto Ferreira Gomes foi publicado, tal como a *Mensagem*, em 1934, e pelo mesmo editor.

[67] Cf. Paul Ricœur, *Ideologia e Utopia*, Lisboa, Edições 70, 1991, pp. 445-446.

Registe-se, desde logo, a utilização, no poema intitulado "D. Sebastião", e tal como sucedia com o poema sobre o mesmo rei integrado na "Quinas", a utilização da primeira pessoa do singular verbal, e o uso da maiúscula quando se anuncia pronominalmente o futuro do sebastianismo: "É O que eu me sonhei que eterno dura, / É Esse que regressarei". No poema "O Desejado", Pessoa associa o sebastianismo à lenda artúrica[68] e à Demanda do Graal. O Desejado é o novo Galaaz que vai conduzir o seu povo à "Eucaristia Nova", transformando o país no "S. Portugal em ser" a que se aludia no poema "Nun'Alvares Pereira" (do Brasão).

Tanto "O Quinto Império" como "As Ilhas Afortunadas" reequacionam a questão da dimensão crítica e utópica da *Mensagem* pessoana. A crença no

---

[68] A lendária figura do rei Artur, do mais puro dos seus cavaleiros da Távola Redonda (Galaaz) e da espada mágica Excalibur estão fortemente disseminados por toda a *Mensagem*. Nun'Àlvares, por exemplo, é-nos apresentado, no "Brasão" da *Mensagem*, como um novo Galaaz, que recebeu a espada Excalibur das mãos do próprio rei Artur. Ainda que a lenda arturiana possa ter na sua origem acontecimentos históricos, relacionados com a resistência céltica à colonização da Grã-Bretanha por tribos germânicas, seriam as obras de Chrétien de Troyes, no século XII, a popularizar, numa versão cristianizada e ascética, o rei Artur e os cavaleiros da Távola Redonda, empenhados na busca do Santo Graal.

Quinto Império é apresentada como ato de rebeldia contra o comodismo e a mediocridade, porque "Ser descontente é ser homem":

> Triste de quem vive em casa,
> Contente com o seu lar,
> Sem que um sonho, no erguer de asa,
> Faça até mais rubra a brasa
> Da lareira a abandonar!
> (p. 161)

O poeta desenvolve também a questão da sucessão das eras ou idades em que se desenrola a vida humana[69], de acordo com um plano prévia e divinamente elaborado:

> E assim, passados os quatro
> Tempos do ser que sonhou,
> A terra será teatro
> Do dia claro, que no atro
> Da erma noite começou.
>
> Grécia, Roma, Cristandade,
> Europa – os quatro se vão
> Para onde vai toda a idade.
> Quem vem viver a verdade
> Que morreu D. Sebastião?
> (pp. 161 e 163)

---

[69] "Eras sobre eras se somem / No tempo que em eras vem", p. 161.

Quanto às "Ilhas Afortunadas", "Onde o Rei mora esperando" o momento de resgatar a Pátria, já vimos antes como a dimensão utópica se encontra bem explicitada nesse poema, pois as "ilhas afortunadas, / São terras sem ter lugar", que só existem quando não as buscamos nem escutamos a voz que delas vem, "Mas que, se escutarmos, cala, / Por ter havido escutar" (p. 167).

Coincidindo o seu nome com o título geral da terceira parte do livro, o poema "O Encoberto" ocupa, sem dúvida, um papel central na arquitetura simbólica e esotérica da *Mensagem*. Compõe-se de três quadras, com versos de seis sílabas e rima cruzada. Não obstante a sua aparente *modéstia* formal, ele constitui o coração hermético do volume pessoano.

As três quadras têm uma estrutura muito semelhante, tanto numa perspetiva semântica como morfossintática, constituindo os dois primeiros versos uma pergunta e os dois seguintes a resposta a essa pergunta. Em cada uma delas se reproduz também, verbalmente, o ritual iniciático da morte e ressurreição do adepto:

> Que símbolo fecundo
> Vem na aurora ansiosa?
> Na Cruz morta do Mundo
> A Vida, que é a Rosa.
> (p. 169)

Como se vê, o poema é dominado pela simbologia iconográfica rosacruciana, como podemos constatar através da leitura de um excerto pessoano:

A dupla essência, masculina e feminina, de Deus – a Cruz. O mundo gerado, a Rosa, crucificada em Deus.
(...)
À Lei, *Fatum*, elemento abstracto de Deus e pelo qual Deus está desencarnadamente manifesto no mundo, se opõe o Cristo que é o desejo de Regresso a Deus, o desejo de Liberdade, de não haver *Fatum*.[70]

[70] Fernando Pessoa, *Textos filosóficos*, vol. II, Lisboa, Ática, 1968, pp. 142-143. O texto de Pessoa coincide com o de Serge Hutin, maçon e estudioso do esoterismo, falecido em 1997: "A Rosa-Cruz é o símbolo formado por uma rosa vermelha fixada no centro de uma cruz, também ela vermelha, 'pois foi tingida pelo sangue místico e divino de Cristo'. § Este símbolo, ostentado, como nos diz Robert Fludd (*Summum Bonum*), pelos cavaleiros cristãos no tempo das Cruzadas, possui um duplo significado; a cruz representa a Sabedoria do Salvador, o conhecimento perfeito, a rosa é o símbolo da purificação, do ascetismo que destrói os desejos carnais, sinal igualmente da grande obra alquímica, isto é, da purificação de todas as manchas, do acabamento e da perfeição do Magistério. Reencontramos também a cosmogonia hermética, simbolizando a cruz (emblema masculino), a divina energia criadora que fecundou a matriz obscura da substância primordial (simbolizado pela rosa, emblema feminino) e fez passar o universo à existência" (Serge Hutin, *As sociedades secretas*, Lisboa, Editorial Inquérito, s/d., p. 12).

Na segunda estrofe, o lugar da rosa (da vida) é efetivamente ocupado pela figura de Cristo, que aquela flor simboliza, e na terceira encontramos no mesmo espaço o Encoberto, um novo nome e uma nova identidade de Cristo, prenunciando uma nova religiosidade, a Eucaristia Nova, prevista em poemas como "O Desejado" ou "O Terceiro" dos "Avisos":

> Que símbolo divino
> Traz o dia já visto?
> Na Cruz, que é o Destino,
> A Rosa, que é o Cristo.
>
> Que símbolo final
> Mostra o sol já desperto?
> Na Cruz morta e fatal
> A Rosa do Encoberto.
> (p. 169)

Rosa-Cruz bordada numa toalha de altar.

Seguem-se "Os Avisos", cada um deles consagrado a um dos três profetas do novo Imperialismo português, o Bandarra, Vieira e o "Terceiro".

Gonçalo Anes, o sapateiro de Trancoso, viveu na primeira metade do século XVI, e por isso não chegou a assistir à derrota de Alcácer Quibir nem à perda da independência de Portugal; no entanto, as suas *Trovas*, que lhe valeram em vida um processo da Inquisição, só foram editadas em livro em 1603 (em

Paris), por D. João de Castro, tendo passado a constituir o principal alimento espiritual do Sebastianismo. A edição de 1644, publicada em Nantes, já depois da Restauração, acrescentava novos textos às *Trovas*. A parte verdadeiramente profética das *Trovas* de Bandarra é constituída por três *Sonhos*. Como explica José van den Basselaar, o seu sentido é bastante menos obscuro do que o das *Centuries* de Nostradamus:

> Portugal dará ao Mundo o grande Encoberto, que há-de desbaratar os exércitos na África, na Terra Santa, na Ásia Menor. Ele será coroado Imperador e inaugurará, juntamente com o Papa, a Monarquia Universal, em que todos os povos e todas as culturas se submeterão à Lei de Cristo.[71]

O cunho sacro e utópico do Império continua presente: Bandarra foi sagrado por Deus "com o seu sinal" (p. 173).

António Vieira, que na sua *História do Futuro* propõe Portugal como cabeça do Quinto Império, é, para Pessoa, a prova do caráter cultural e literário desse Império. O autor da *Mensagem* chama-lhe "Imperador da língua portuguesa". Mas o poema põe também claramente a descoberto a dimensão utópica do Império sonhado por Vieira e Pessoa:

---

[71] José van den Besselaar, *O Sebastianismo – História sumária*, Lisboa, Instituto de Cultura e Língua Portuguesa, 1987, pp. 63-64.

É um dia; e, no céu amplo do desejo,
A madrugada irreal do Quinto Império
Doira as margens do Tejo.
(p. 175)

Já analisámos detidamente, em capítulo anterior, o poema "Terceiro" de "Os Avisos". Nascido no "ano certo", para o qual convergiam os horóscopos de Fernando Pessoa e Augusto Ferreira Gomes, o criador da heteronímia parece ser algo mais do que um simples profeta da nova religião do Encoberto. O seu papel aproxima-se mais do de um João Baptista; alguém que vem adiante, indicando o caminho e abrindo as primeiras de um futuro que poderá estar ainda a duzentos anos de distância da sua plena concretização[72].

Registe-se apenas que a compreensão do sentido deste poema pode ser bastante ampliada se o relacionarmos com "A última nau", de "Mar Português).

Não sei a hora, mas sei que há a hora,
Demore-a Deus, chame-lhe a alma embora
Mistério.

---

[72] Fiel à importância esotérica do número três, Pessoa também sustentava que "todas as profecias têm três realizações" (*vide* Fernando Pessoa, *Sobre Portugal*, ed. cit., p. 234). No fragmento onde surge este excerto, esclarece que a profecia do Quinto Império pode ser entendida no plano material, intelectual ou espiritual. É, evidentemente, apenas o plano intelectual aquele de que se ocupa (*vide ibidem*, pp. 234-235).

Surges ao sol em mim, e a névoa finda:
A mesma, e trazes o pendão ainda
Do Império.
(p. 149)

Restam "Os Tempos". O primeiro é a "Noite", a que há de opor-se a simbólica manhã de névoa sebastianista[73]. Este poema, retrato mitificado da tragédia dos irmãos Corte Real, constitui com os dois seguintes ("Tormenta" e "Calma") uma unidade estrutural, uma trilogia desenhada de acordo com o modelo dialético hegeliano, com uma tese, uma antítese e uma síntese.

Num brevíssimo fragmento pessoano, encontramos uma explicação para uma parte substancial dos símbolos utilizados pelo poeta na terceira parte da *Mensagem*:

D. Sebastião voltará, diz a lenda, por uma manhã de névoa, no seu cavalo branco, vindo da ilha longínqua onde esteve esperando a hora da volta. A manhã de névoa indica, evidentemente, um renascimento anuviado por elementos de decadência, por restos da Noite onde viveu a nacionalidade.[74]

---

[73] Esse percurso, com um claro sentido iniciático, da "erma noite" para o "dia claro" já tinha sido antecipado no poema "Quinto Império". Recordemo-lo: "E assim, passados os quatro / Tempos do ser que sonhou, / A terra será teatro / Do dia claro, que no atro / Da erma noite começou." (p. 161)

[74] Fernando Pessoa, *Sobre Portugal*, ed. cit. p. 202.

Num primeiro momento, temos, portanto, um país prisioneiro, impedido de ir em busca da sua própria essência, "Com fixos olhos rasos de ânsia / fitando a proibida azul distância" (p. 181); num segundo momento ("Tormenta"), a força da vontade coletiva ("o desejar poder querer") permite descobrir um sinal divino ("o relâmpago, farol de Deus", p. 185); finalmente, num terceiro momento, tudo parece preparado para que uma nau, uma armada ou uma frota descubram o caminho para a "ilha velada, / o país afortunado / que guarda o Rei desterrado / em sua ilha encantada" (p. 187). Estaremos assim nas imediações da "data marcada para o Grande Regresso, em que a Alma da Pátria se reanimará, se reconstituirá a íntima unidade da Ibéria, através de Portugal, se derrotará finalmente o catolicismo (outro dos elementos estrangeiros entre nós existente e inimigo radical da Pátria) e se começará a realizar aquela antemanhã ao Quinto Império"[75]. No poema "Antemanhã", é o próprio Mostrengo, definitivamente amestrado, que vem despertar o seu senhor "que está dormindo" (p. 189).

No último poema da *Mensagem*, Pessoa procura dar uma imagem algo apocalítica do estado do país, para que do caos existente saia necessariamente algo de novo:

---

[75] Fernando Pessoa, *Sobre Portugal*, ed. cit. p. 191.

Ninguém sabe que coisa quer.
Ninguém conhece que alma tem,
Nem o que é mal nem o que é bem.
(Que ânsia distante perto chora?)
Tudo é incerto e derradeiro.
Tudo é disperso, nada é inteiro.
Ó Portugal, hoje és nevoeiro...

É a Hora!
(p. 191)

Significa isto que chegou a "Hora" do Quinto Império? Se cruzarmos o enunciado da *Mensagem* com a informação veiculado por vários outros textos pessoanos, a hora anunciada parece ser simplesmente (e simbolicamente) a do segundo advento do Encoberto, que não é mais do que a própria "hora" da afirmação do poeta:

Por nevoeiro entende-se que o Desejado virá "encoberto"; que, chegando, ou chegado, se não perceberá que chegou. A primeira vinda, 1640, mostra isto bem: a data marca o princípio de uma nova dinastia, e a vinda de D. Sebastião foi "encoberta", foi através de nevoeiro, pois julgando todos – em virtude de sua simbologia primitiva – que o encoberto era D. João IV, em verdade o Encoberto era o facto abstracto da Independência, como aqui se viu. Na Segunda Vinda, em 1888, por pouco que possamos compreender, compreendemos contudo que a profecia tradicional se cumpre: sabemos que 1888 é "manhã", porque é o princípio do Reino do Sol – por onde se notará que melhor não pode haver para que se simbolize por "manhã" – e, estando nós já a 37 anos dessa data, sem que ainda possamos compreender o que nela se deu, não pode haver dúvida do carácter encoberto, nevoento, da Vinda Segunda de D. Sebastião.[76]

Muito mais do que como afirmação de arrogância devemos considerar as palavras de Pessoa como um desafio pessoal. O poeta, que sacrificou a sua vida pessoal em benefício da edificação da sua obra literária, tornou efetivamente Portugal muito mais conhecido e prezado no mundo do que era antes. Era esta, na essência, a missão *incerta* deste "emissário de um rei desconhecido"[77]:

> Quanto mais intensamente formos patriotas – desde que saibamos ser patriotas –, mais intensamente nos estaremos preparando, e connosco aos que estão connosco, para um conseguimento humano futuro, que, nem que Deus o faça impossível, deveremos deixar de ter por desejável.[78]

[76] Fernando Pessoa, *Sobre Portugal*, ed. cit., p. 183.

[77] Recordemos as palavras do poeta: "Não sei se existe o Rei que me mandou. / Minha missão será eu a esquecer, / Meu orgulho o deserto em que em mim estou..." (Fernando Pessoa, *Poesia (1902-1917)*, ed. cit., p. 381).

[78] *Páginas íntimas e de auto-interpretação*, ed. cit., p. 436. Estas palavras foram escritas a propósito da *Mensagem*, depois da sua rutura completa com o Estado Novo, quando pretendia demonstrar que o seu livro não fazia dele um adepto do

Quanto à profecia de maior alcance, parece óbvio que Portugal não é, nunca será, o centro de um Império cultural universal. A não ser que nos fiquemos por uma perceção generosa e humanista da ideia de Quinto Império, fazendo uso de uma chave interpretativa que, de resto, o próprio poeta nos proporciona, e o coloca, na *Mensagem*, no lugar do supra-Camões que profetizara em 1912[79]. Sabemos que, para Fernando Pessoa, uma das comprovações da vocação imperial da nação portuguesa residia na capacidade de se "outrar" que esta revelava. Defendeu, por isso, o cunho genuinamente nacional da dispersão heteronímica: "Nunca me sinto tão portuguesmente eu como quando me sinto diferente de mim – Alberto Caeiro, Ricardo Reis, Álvaro de Campos, Fernando Pessoa, e quantos mais haja

---

regime. O final do parágrafo citado era extremamente esclarecedor quanto ao carácter limitado dos factos prenunciados com a expressão "É a Hora!": "A Nação é a escola presente para a super-Nação futura. Cumpre, porém, não esquecer que estamos ainda, e durante séculos estaremos, na escola e só na escola" (*Páginas íntimas e de auto-interpretação*, ed. cit., pp. 436--437). O texto completo, no estado em que o deixou Pessoa, é um dos apêndices reproduzidos no final deste livro.

[79] Referimo-nos, evidentemente, aos textos que Fernando Pessoa publicou na revista *A Águia*, órgão da Renascença Portuguesa, em 1912, a voltaremos a aludir no capítulo seguinte. A pretexto da glorificação da poesia produzida pela geração saudosista, era a sua própria geração que o poeta anunciava.

havidos ou por haver"[80]. Em sintonia com esta característica do modo de ser português, o poeta destacou ainda o facto de ser Portugal o país "em que é menor o ódio a outras raças ou a outras nações"[81]: condição importante porque a "essência do imperialismo é o converter os outros em nossa substância, o converter os outros em nós mesmos"[82]. Convertermo-nos nos outros e convertermos os outros em nós, eis os dois grandes e contraditórios trunfos da nação portuguesa e a prova evidente da sua predestinação imperial.

[80] Fernando Pessoa, *Páginas íntimas e de auto-interpretação*, ed. cit., p. 94.

[81] Fernando Pessoa, *Sobre Portugal.*, ed. cit., p. 237.

[82] Fernando Pessoa, *Sobre Portugal.*, ed. cit., p. 238.

ECOS CAMONIANOS (E OUTROS) NA *MENSAGEM* DE FERNANDO PESSOA

O estudo das relações entre os dois mais célebres poetas portugueses está longe de ser um terreno virgem, e já não é fácil, portanto, acrescentar algo de substancial ao que se conhece sobre o tema. No caso presente, não nos limitaremos, como geralmente tem sido feito, a comparar a *Mensagem* e *Os Lusíadas* mas, como deixa entender o título do capítulo, procuraremos rastrear objectivamente a influência camoniana no livro de Pessoa.

Foi em 1912, n'*A Águia*, que Pessoa (adulto) se deu a conhecer aos leitores portugueses, através dos artigos dedicados à poesia portuguesa coeva, os quais tinham precisamente como ponto mais polémico a previsão da emergência de um supra-Camões. O facto em si não envolve qualquer desconsideração para com o grande épico, pois é próprio de cada época procurar suplantar os valores do passado. Pelo contrário, o profetismo supra-camoniano traduz o reconhecimento público do autor de *Os Lusíadas* como representante maior da grandeza das letras nacionais. É um processo que Eduardo Lourenço soube sintetizar com felicidade, numa reunião de camonistas:

> O presente de Pessoa que nele oscilou, enquanto impulso imaginante entre passado mítico e futuro

mitificado, exigia o assassinato ritual de Camões como suprema forma de afirmação na cena portuguesa onde a figura do autor de *Os Lusíadas* não avulta só como a de um grande poeta, ao lado de outros, mas como *voz* e *alma* de uma essência pátria inscritas, por assim dizer, no registo divino.[83]

De resto, o prenúncio da chegada do poeta que suplantaria Camões pode hoje ser lido em consonância com os outros grandes desafios da vida de Pessoa, nomeadamente com a tentativa de ele próprio suplantar nada menos do que Amiel, Goethe, Shakespeare.

Não é sequer claro, ao contrário do que algumas vezes se escreveu, que Pessoa tenha revelado verbalmente qualquer menosprezo relativamente a Luís de Camões. O texto em que sustenta que o épico foi desalojado do primeiro posto entre os poetas portugueses depois da publicação da *Pátria*, de Junqueiro, tem de ser lido no contexto adequado. Pessoa esgrime o nome de Camões como arma de combate: quer convencer um editor inglês a publicar uma antologia de poesia sensacionista portuguesa e, portanto, valoriza um poeta representativo

---

83 Eduardo Lourenço, "Pessoa e Camões", in *Poesia e metafísica: Camões, Antero, Pessoa*, Lisboa, Sá da Costa, 1983, pp. 245-246.

da geração poética de que a sua é herdeira (a do "transcendentalismo panteísta") para tornar mais apetecível o seu projeto[84]. É obviamente uma vez mais o reconhecimento de Camões como figura emblemática da poesia portuguesa.

Num outro texto, ainda com o mesmo objetivo, Pessoa simula ser um inglês recentemente transplantado para Portugal, que levara algum tempo a descobrir a segunda das duas únicas coisas interessantes do país. Citamos a partir da tradução portuguesa de Tomás Kim: "Ao fim de dia e meio em Portugal dei pela paisagem; levei ano e meio a dar pelo «*Orpheu*»"[85]. A desvalorização relativa da "literatura clássica" portuguesa é também aqui uma estratégia que visa, por contraste, enaltecer os sensacionistas da revista *Orpheu*:

> Pondo de parte algumas coisas de Camões que são nobres; várias outras de Antero que são grandes; um ou dois poemas de Junqueiro que valem a pena ser lidos, quanto mais não seja para vermos até que ponto ele se pôde educar para além de se ter educado em Hugo; um poema de Teixeira de Pascoaes que passou o resto da vida literária a pedir desculpa em má poesia por ter escrito um dos maiores poemas de amor do mundo – se exceptuarmos isto e outras insignificân-

---

[84] Cf. Fernando Pessoa, *Páginas íntimas e de auto-interpretação*, Lisboa, Ática, s/d., pp. 126-133.

[85] *Ibidem*, p. 154.

98 | ANTÓNIO APOLINÁRIO LOURENÇO

cias que são excepções precisamente por serem insignificâncias, o conjunto da literatura portuguesa dificilmente é literatura e quase nunca é portuguesa.[86]

As outras insignificâncias a que Pessoa se refere são Garrett ("que sabia o francês bastante para ler más traduções francesas de poemas ingleses inferiores e acertar quando eles erram"[87]) e Vieira ("um mestre em qualquer parte, embora fosse um pregador"[88]).

A verdade é que podemos encontrar nos textos de Pessoa sobre Camões opiniões contraditórias (como acontece em diversas outras matérias), que derivam, segundo cremos, menos da proverbial constante autocontradição do autor da *Mensagem* do que dos diferentes contextos textuais em que foram produzidos. É assim que o *italianizado* Camões é acusado de falta de *nacionalismo*, enquanto se enaltece noutros fragmentos o *patriotismo* de *Os Lusíadas*. E não falta sequer – nesses esboços pessoanos – a compreensão profunda e sentida de um poema tão significativo como o soneto "Alma minha gentil":

> Traduzido, nenhum estrangeiro compreende onde esteja a beleza daquela linguagem sem imagens, metá-

---

[86] *Ibidem*, p. 153. A tradução continua a ser de Tomás Kim.
[87] *Ibidem*.
[88] *Ibidem*.

foras nem frases, directa e simples, quando é justamente aí que a beleza toda está, una com o movimento lírico contínuo e íntimo do ritmo inquebrado e dolorido.[89]

Não pode deixar de causar alguma perplexidade a ausência de Camões na biblioteca de Fernando Pessoa, que hoje se conserva na Casa Pessoa, exatamente sediada no último espaço onde o poeta residiu. Para além de Camões, faltam Eça, Camilo ou Oliveira Martins, por exemplo, mas abundam edições de autores que confessadamente apreciou, como Shakespeare, Edgar Allan Poe ou Guerra Junqueiro, sendo surpreendente a existência de três diferentes edições (em italiano, em francês e em inglês) da *Divina Comédia* de Dante. Claro que Pessoa pode ter tido edições de obras camonianas que se tenham extraviado (também faltam Cesário e Antero, poetas que marcaram decisivamente a obra pessoana), mas parece-nos credível que Camões (o lírico, pelo menos[90]) não fosse para Pessoa um

[89] Fernando Pessoa, *Páginas de estética e de teoria e crítica literárias*, 2ª ed., Lisboa, Ática, 1973, p. 322.

[90] Cf. "Carta de 11-12-1931 a João Gaspar Simões "Eu tenho uma grande admiração por Camões (o épico, não o lírico), mas não sei de elemento algum camoniano que tenha tido influência sobre mim, influenciável como sou" (Fernando Pessoa, *Correspondência (1923-1935)*, ed. cit., p. 257). Obvia-

autor de cabeceira. Seja como for, o criador dos heterónimos leu suficientemente *Os Lusíadas* para sentirmos claramente a sua presença tanto na estrutura global da *Mensagem* como em detalhes específicos que a seguir procuraremos referir. E chegou mesmo a escrever um texto sobre a epopeia camoniana, que veio a lume no *Diário de Lisboa* de 4 de fevereiro de 1924, em que considera que, à exceção da *Ilídia*, da *Divina Comedia* e do *Paraíso Perdido*, obra que leu na sua adolescência estudantil, nenhuma outra epopeia supera em qualidade *Os Lusíadas*. Entende, aliás, que o poema de Camões se distinguia de todos os outros por ter como protagonistas personagens e situações históricas. Mas entendia também que os heróis camonianos (isto é, as grandes figuras da história de Portugal) necessitavam de um outro poeta, que fosse capaz de dar à sua ação um significado que o épico quinhentista não tinha condições para dar. Um supra-Camões, em suma: "A epopeia que Camões escreveu pede que aguardemos a epopeia que ele não pôde escrever. A maior coisa dele é o não ser grande bastante para os semideuses que celebrou"[91].

---

mente não concordamos com a ausência de influência referida pelo poeta.

[91] Fernando Pessoa, *Crítica. Ensaios, artigos e entrevistas*, Lisboa, Assírio & Alvim, 2000, p. 216.

Pessoa queria escrever com a *Mensagem* uma obra que fosse simultaneamente lírica, épica e dramática, desafio paralelo à sua famosa hierarquia poética, na qual colocara Shakespeare no lugar cimeiro, de que só seria desalojado pelo poeta que o ultrapassasse na "escala da despersonalização"[92]. Apoiamo-nos, neste caso, numa menos conhecida hierarquização poética (em que se relacionam graus poéticos e iniciáticos). Nela, Fernando Pessoa colocava no topo da escala – e acima da poesia lírica – a poesia épica, a poesia dramática (por esta ordem) e, finalmente – como grau supremo da hierarquia poética – "a fusão de toda a poesia, lírica, épica e dramática, em algo para além de todas elas"[93].

A decisão pessoana de escrever uma obra épica é antiga, como se sabe. E o modelo que o poeta do *Orpheu* tinha mais à mão, como exemplo de grande poema de exaltação nacional, era exatamente o proporcionado pel'*Os Lusíadas*. O livro de Camões – assumido coletivamente como poema nacional desde o século XVII – era mesmo o maior responsável pela mitificação de certas figuras nacionais, que Pessoa *reconsagrará*, umas vezes afastando-se osten-

---

[92] Fernando Pessoa, *Páginas de estética e de teoria e crítica literárias*, ed. cit., p. 69.

[93] Fernando Pessoa, *A procura da verdade oculta: Textos filosóficos e esotéricos*, Mem Martins, Europa-América, 1986, p. 181.

sivamente do paradigma camoniano, outras colhendo diretamente no épico a letra da sua *Mensagem*. Tem também razão António Machado Pires, quando assinala que a antinomia grandeza/decadência é visível nos dois poemas[94]. A conceção pessoana da decadência portuguesa não é, por conseguinte, exclusivamente subsidiária do pessimismo da "Geração de 70", por maior que seja a dívida da *Mensagem* para com Antero, Guerra Junqueiro e Luís de Magalhães[95], ou mesmo, como tem defendido Eduardo Lourenço, para com Oliveira Martins.

O filósofo brasileiro Gilberto de M. Kujawski considerava, em *Fernando Pessoa, o outro*, que a *Mensagem* podia ser definida como uma *epopeia estática*, "com os personagens cobrindo todo o primeiro plano e a ação inteiramente virtualizada"[96]. Apesar das per-

---

[94] Cf. António M. B. Machado Pires, "*Os Lusíadas* de Camões e a *Mensagem* de Pessoa", *Revista da Universidade de Coimbra*, v. 33, 1985, pp. 419-429.

[95] Em nossa opinião, dos autores que podemos associar à chamada "Geração de 70", foi Luís de Magalhães, autor de um romance, *O brasileiro Soares*, que Eça de Queirós prefaciou, aquele que mais diretamente influenciou o Fernando Pessoa da *Mensagem*. O seu poema dramático *D. Sebastião*, publicado em 1898, tem de ser considerado um antecedente temático e formal do livro de Pessoa.

[96] Gilberto de Kujawski, *Fernando Pessoa, o outro*, 3ª ed., Petrópolis, Vozes, 1979, p. 32.

MENSAGEM – DE FERNANDO PESSOA | 103

sonagens assumirem, de facto, o estatuto de *dramatis personae* (que falam, escutam ou de quem se fala), à maneira do que fizera Browning nos *Monólogos dramáticos*, não nos parece possível recusar em absoluto a existência de uma sucessividade cronológica, ou mesmo narrativa, que aliás se confirma na natureza iniciática que o poema também tem. O procedimento de Pessoa, quando seleciona personagens que se erigem em bandeiras da pátria e que servirão para recontar cronologicamente a história de Portugal, tem um precedente visível: Camões, que no Canto VIII d'*Os Lusíadas* coloca Paulo da Gama a explicar ao Catual, que vem visitar a frota portuguesa, quem são as figuras e o que representam as cenas bélicas pintadas nas bandeiras que tanto intrigam o governador gentio. Como sucederá na *Mensagem*, Camões começa com os antepassados míticos da nacionalidade (neste caso Luso e Ulisses) e acaba no momento em que parece já não haver sucessores à altura daqueles "pais ilustres"[97]:

Outros muitos verias, que os pintores
Aqui também por certo pintariam;
Mas falta-lhes pincel, faltam-lhe cores:
Honra, prémio, favor, que as artes criam.
Culpa dos viciosos sucessores,
Que degeneram, certo, e se desviam

---

[97] Luís de Camões, *Os Lusíadas*, ed. cit., p. 207.

Do lustre e do valor dos seus antepassados,
Em gosto e vaidades atolados.[98]

O texto que Américo da Costa Ramalho publicou em 1976, intitulado "Sobre o «Mostrengo» de Fernando Pessoa"[99], ao mesmo tempo que constitui uma peça fundamental para a compreensão do poema pessoano e das suas fontes, permite também compreender o modo como Pessoa frequentemente integra na sua poesia os materiais alheios, despistando inclusivamente os leitores mais argutos. Antes de Costa Ramalho, já a crítica tecera abundantes comentários acerca do paralelismo entre o Adamastor camoniano e o Mostrengo pessoano, símbolos, respetivamente n'*Os Lusíadas* e na *Mensagem*, dos obstáculos enfrentados e superados pela expansão portuguesa. Se era óbvio que Pessoa, com "O Mostrengo", recriara (agora sob a forma de um monstro alado – o poema tivera mesmo o título inicial de "O Morcego") o ciclope camoniano, parecia que desaparecera definitivamente na transferência aquela poderosa imagem de uma "figura / [...] robusta e válida, / De disforme e grandíssima esta-

---

98 *Ibidem*, p. 206.
99 *Vide* Américo da Costa Ramalho, "Sobre o «Mostrengo» de Fernando Pessoa", in *Camões no seu tempo e no nosso*, Coimbra, Almedina, 1993, pp. 187-197.

tura"[100], e de membros tão grandes que parecia "o segundo / De Rodes estranhíssimo Colosso"[101]. Na verdade, porém, as dimensões colossais do Adamastor foram na *Mensagem* transportadas para o retrato do rei que vencera o cabo que o monstro personifica – "D. João o Segundo":

> Braços cruzados, fita além do mar.
> Parece em promontório uma alta serra –
> O limite da terra a dominar
> O mar que possa haver além da terra.
>
> Seu formidável vulto solitário
> Enche de estar presente o mar e o céu,
> E parece temer o mundo vário
> Que ele abra os braços e lhe rasgue o véu.
> (p. 119)

Poder-se-ia, talvez, acrescentar que parece haver também na composição do D. João II pessoano reminiscências – inclusivamente lexicais – daquele Nuno Álvares camoniano que, enfurecido com as hesitações dos seus companheiros de armas, se lhes dirige: "Com palavras mais duras que elegantes, / A mão na espada, irado e não facundo, / Ameaçando a terra, o mar e o mundo"[102].

---

[100] *Os Lusíadas*, ed. cit., p. 131.
[101] *Idem*, p. 133.
[102] *Idem*, p. 98.

Mas há vários outros textos concretos na *Mensagem* em que a inspiração camoniana se nos afigura inequívoca. O poema inicial da *Mensagem*, "O [Campo] dos Castelos", tem sido associado a um soneto de Unamuno, intitulado "Portugal" e publicado n'*A Águia* em fevereiro de 1911, com o qual apresenta coincidências notórias. Como se sabe, no poema unamuniano, uma mulher que "Apoya en las rodillas / los codos y en las manos las mejillas / y clava ansiosos ojos de leona / en la puesta del sol", enquanto as ondas do Atlântico lhe banham os pés, vai sonhando com "el fatal imperio / que se le hundió en los tenebrosos mares, / y mira cómo entre agoreras brumas / se alza Don Sebastián, rey del misterio"[103]. Contudo, não é menos verdade que, no Canto III d'*Os Lusíadas*, Camões faz uma descrição da Europa que acaba na sua cabeça: "Eis aqui se descobre a nobre Espanha, / Como cabeça ali de Europa toda"[104]. Portugal ("o Reino Lusitano"), por sua vez, é, no texto camoniano, "quási cume da cabeça / De Europa toda"[105], expressão muito próxima da pessoana ("O rosto com que fita é Portu-

[103] Miguel de Unamuno, *Obras completas*, T. VI, Madrid, Escelicer, 1969, pp. 362-363.
[104] *Os Lusíadas*, ed. cit., p. 63.
[105] *Idem*, p. 64.

MENSAGEM – DE FERNANDO PESSOA | 107

gal", p. 77), facto já referido por Jacinto do Prado Coelho e José Augusto Seabra[106].

A predestinação de D. João I ("Mestre, sem o saber, do Templo / Que Portugal foi feito ser", p. 95), "o primeiro Rei que se desterra / Da pátria, por fazer que o Africano / Conheça, pelas armas, quanto excede / A lei de Cristo à lei de Mafamede"[107], está claramente indiciada n'*Os Lusíadas*. Do mesmo modo se atribui, em ambos os poemas, à intervenção da Providência Divina a enigmática genialidade dos descendentes de D. Filipa de Lencastre: "Que enigma havia em teu seio / Que só génios concebia? / Que arcanjo teus sonhos veio / Velar, maternos, um dia?", perguntava Pessoa (p. 97). Luís de Camões parece fornecer a resposta. O Céu reconhecia que Portugal não podia prescindir do herói glorioso que mantivera a independência e iniciara as Descobertas, sem deixar em seu lugar heróis da mesma estirpe:

> Não consentiu a morte tantos anos
> Que de Herói tão ditoso se lograsse
> Portugal, mas os coros soberanos

---

[106] Cf. Jacinto do Prado Coelho, *Camões e Pessoa, poetas da utopia*, Mem Martins, Europa-América, 1983, p. 105; e José Augusto Seabra, "Fernando Pessoa et la «Nouvelle Renaissance» de l'Europe", in *O coração do texto. Le cœur du texte: novos ensaios pessoanos*, Lisboa, Cosmos, 1996, p. 168.

[107] *Os Lusíadas*, ed. cit., 107.

> Do Céu supremo quis que povoasse.
> Mas, pera defensão dos Lusitanos,
> Deixou Quem o levou, quem governasse
> E aumentasse a terra mais que dantes:
> Ínclita geração, altos Infantes.[108]

Na *Mensagem*, como se sabe, as "Quinas" do "Brasão" português estão simbolizadas, para além de D. Sebastião, em quatro dos filhos de D. João I e D. Filipa de Lencastre. Já antes referimos que um pessoano tão insuspeito como António Quadros não vê muita coerência na escolha destas personagens para personificarem os heróis-mártires de Portugal: "Para encontrar cinco príncipes-mártires, todos eles de Avis, Fernando Pessoa teve que forçar a nota, pois verdadeiramente, só o Infante Santo e D. Sebastião poderiam ser considerados mártires ao serviço de uma causa nacional"[109].

Onde poderá então Fernando Pessoa ter colhido a ideia de que foi infeliz o reinado de D. Duarte? Como já adivinharam, em Camões. Recordemos o texto pessoano:

> Meu dever fez-me, como Deus ao mundo.
> A regra de ser Rei almou meu ser,
> Em dia e letra escrupuloso e fundo.

---

[108] *Idem*, p. 107.
[109] António Quadros, "Estrutura simbólica da *Mensagem*", ed. cit., p. 165.

Firme em minha tristeza, tal vivi.
Cumpri contra o Destino o meu dever.
Inutilmente? Não, porque o cumpri.
(p. 101)

E agora o camoniano:

Não foi do Rei Duarte tão ditoso
O tempo que ficou na suma alteza,
Que assi vai alternando o tempo iroso
O bem co mal, o gosto co a tristeza.
Quem viu sempre um estado deleitoso?
Ou quem viu em Fortuna haver firmeza?
Pois inda neste Reino e neste Rei
Não usou ela tanto desta lei?

Viu ser cativo o santo irmão Fernando
(Que a tão altas empresas aspirava) (...)[110]

Não estará também aqui a chave para compreender o porquê da transformação do poema "Gládio" ("E esta febre de Além que me consome, / E este querer grandeza são seu nome / Dentro em mim a vibrar") em "D. Fernando, Infante de Portugal" (p. 103)?

Ainda no que concerne à dicotomia grandeza/ /decadência, é óbvia a coincidência entre a parte final d'*Os Lusíadas* e o último poema da *Mensagem*. A coincidência não é apenas ideológica, mas passa

---

[110] *Os Lusíadas*, ed. cit., pp. 107-108.

também pelo parentesco etimológico entre o substantivo *tristeza* e o verbo *entristecer*. Vejamos agora primeiro *Os Lusíadas*:

> O favor com que mais se acende o engenho
> Não no dá a pátria, não, que está metida
> No gosto da cobiça e na rudeza
> Da austera, apagada e vil tristeza.[111]

E a seguir a *Mensagem*:

> Nem rei nem lei, nem paz nem guerra,
> Define com perfil e ser
> Este fulgor baço da terra
> Que é Portugal a entristecer [...].[112]

É certo que aos conselhos que Camões dirige ao jovem rei, responde Pessoa com a enigmática exor-

---

[111] *Idem*, p. 283.

[112] *Mensagem*, p. 191. António Cirurgião que, em *O "olhar esfíngico" da* Mensagem *de Fernando Pessoa*, fez um comentário poema a poema de todos os textos da *Mensagem*, depois de assinalar o paralelismo entre os dois textos, remata: "Ao fim e ao cabo, os pontos de encontro entre os dois maiores poetas de língua portuguesa parecem ser muitos mais que os que os críticos, em geral, terão querido ver até hoje, talvez levados, em parte, por uma ou outra referência menos lisonjeira que Pessoa fez a Camões, no decorrer dos anos, o que, visto psicanaliticamente, poderá significar que a grandeza e o renome do autor de *Os Lusíadas* terão causado algumas noites de insónia ao autor da *Mensagem*" (António Cirurgião, *O "olhar esfíngico" da* Mensagem *de Fernando Pessoa*, Lisboa, ICALP, 1990, p. 264).

tação: "É a Hora!" (p. 191). Mas não se pense que falta na *Mensagem* um oferecimento paralelo à disponibilidade manifestada por Luís de Camões para servir D. Sebastião: "Pera servir-vos, braço às armas feito, / Pera cantar-vos, mente às Musas dada"[113]. Também a Pessoa não faltava o *engenho* e o "honesto estudo, / Com longa experiência misturado"[114]. Deus sagrara-o "seu em honra e em desgraça" (p. 103)[115], faltava cumprir-se o alto destino para que se sentia predestinado:

> Quando virás, ó Encoberto,
> Sonho das eras português,
> Tornar-me mais que o sopro incerto
> De um grande anseio que Deus fez?
> (p. 177)

*

Mas se a presença de *Os Lusíadas* parece ser menor do que geralmente se supõe, não é menos certo que no livro de Fernando Pessoa ecoam outras vozes de

---

[113] *Os Lusíadas*, ed. cit., p. 285.

[114] *Idem.*

[115] Como já se disse, o poema "D. Fernando, Infante de Portugal" foi escrito em 1913, intitulava-se inicialmente "Gládio" e não tinha originalmente como referência a figura do Infante Santo.

poetas nacionais, das quais pelo menos três nos parecem facilmente reconhecíveis. Desde logo a de Guerra Junqueiro (1850-1923), um poeta que Pessoa hipervalorizou, tendo chegado a escrever que suplantara Camões. Do ponto de vista formal, *Pátria* (1896) apresenta-se como um drama em verso, dividido em vinte e três cenas, ainda que pareça óbvio (pelo tom nada coloquial, pela longa extensão de algumas *falas* e pelo apuro estético das didascálias) que se destina à leitura e não propriamente à representação. Surgindo na sequência do *Ultimatum* inglês, constituía uma violenta diatribe contra a dinastia de Bragança, cuja cobardia fazia contrastar com o heroísmo de Nuno Álvares Pereira. O motivo central do livro é precisamente a assinatura pelo Rei [D. Carlos] do tratado com a Inglaterra, que consagra a capitulação de Portugal face ao expansionismo imperial britânico. Enquanto o Rei ainda vacila relativamente à assinatura do infame tratado, vão desfilando diante dele os espetros dos reis da dinastia brigantina, que o instigam a assinar. Incrédulo, o espetro de Nun'Álvares vê neste ato de lesa-pátria a morte de Portugal, personificado na personagem O Doido. As "Anotações" finais, redigidas em prosa, revelavam a solução junqueiriana para os males da Nação:

> Nesta agudíssima crise nacional a república é mais do que uma simples forma de governo. É o último esforço, a última energia, que uma nação moribunda

opõe à morte. Viva a República! é hoje sinónimo de Viva Portugal![116]

Para além das coincidências quanto ao engrandecimento da figura do Condestável e ao diagnóstico sombrio que ambos os poetas faziam da situação do país, Fernando Pessoa terá seguramente admirado a fusão que Guerra Junqueiro fazia, no seu poema, do drama com o lirismo e a epopeia.

Ainda mais próximo da *Mensagem* quanto à sua estrutura interna, se encontra o extenso poema que Luís de Magalhães (1859-1935) publicou em 1898 e se intitula *D. Sebastião*. Tal como Pessoa, também o autor do *Brasileiro Soares* se viu compelido a optar por um enunciado híbrido quanto ao modo e ao género para escrever o seu poema *lendário* e *simbólico*. Oscilando, como a *Mensagem*, entre os registos histórico, lendário e profético, o poema de Luís de Magalhães encontra-se dividido em duas partes: "O Capitão de Cristo" e "O Encoberto". Na primeira parte, encontramos a poetização da história do penúltimo rei da dinastia de Avis; na segunda, é o mito sebástico que prevalece. As próprias divisões internas parecem prenunciar o livro de Pessoa: cada uma das partes se encontra subdividida em três subpartes, que de facto fazem lembrar a *Mensagem*.

---

[116] Guerra Junqueiro, *Pátria*, in *Obras de Guerra Junqueiro (Poesia)*, 2ª ed., Porto, Lello & Irmão, 1974, p. 661.

"O Capitão de Cristo" está subdividido em "O Desejado", "Vigília de armas" e "Alcácer Quibir", enquanto "O Encoberto" é constituído por "Transfiguração", "A penitência" (com outras dez subdivisões) e "A Ilha Encoberta". As "Notas" finais ajudam a compreender o sentido do poema. Após o seu desaparecimento em Alcácer Quibir, o rei, abandonando a forma corpórea, refugia-se no deserto: "O destino, representado sob a forma que melhor se podia revelar ao seu espírito de crente, desvenda--lhe o futuro da Pátria e o segredo da sua predestinação"[117]. A longa penitência que se sucede permite ao Encoberto aperceber-se, em vários tempos e lugares de Portugal, da profunda decadência política, militar e moral do país. O guia de Luís de Magalhães nesta *peregrinatio ad loca infecta* é, como o próprio reconhece, metamorfoseada poeticamente, a *História de Portugal* do seu amigo Oliveira Martins. E bem sabemos como Eduardo Lourenço tem defendido a presença de Oliveira Martins na *Mensagem*.

Antecedentes cronologicamente mais próximos da *Mensagem* são as obras de exaltação patriótica diretamente relacionadas com a participação de Portugal na Grande Guerra, nomeadamente *A hora*

---

[117] Luís de Magalhães, *D. Sebastião*, Coimbra, França Amado, 1898, p. 265.

de Nun'Álvares, de Augusto Casimiro (1889-1967), e *Lusitânia*, de Mário Beirão (1890-1965), ambas de 1917. Afigura-se-nos evidente que Fernando Pessoa terá sido sugestionado pelo livro de Beirão, um poeta que admirava e com o qual chegou a ter uma relação de amizade. Como na *Mensagem*, predomina em *Lusitânia* o poema breve, e o número de textos autónomos é ainda inferior ao do livro de Fernando Pessoa: apenas 34 poemas. Mas as semelhanças não se ficam por aí: as páginas de *Lusitânia* estão, como o livro pessoano, impregnadas do nacionalismo pessimista de Oliveira Martins; também nelas, Alcácer Quibir é o marco simbólico que separa a idade do ouro da idade das trevas; e também nelas a esperança assume o nome de D. Sebastião. Mas talvez a maior analogia entre o livro de Beirão e o de Pessoa assente na existência, no livro do primeiro, de um núcleo poético, "Ausentes", constituído por breves retratos e autorretratos (todos eles sonetos) de figuras cimeiras da nacionalidade, algumas das quais coincidentes com heróis enaltecidos na *Mensagem*. É óbvia, no entanto, a maior complexidade do livro de Pessoa, assim como a ambiguidade resultante sobretudo da introdução da imagística esotérica – que representa uma rutura, não imediatamente percetível, com a tradição católica portuguesa[118] –,

---

[118] A própria Fraternidade Rosa-Cruz evitava, segundo Pessoa, expor claramente nos seus escritos a oposição às igrejas

concretizada na presença de vocábulos e estruturas frásicas que remetem para as simbólicas gnóstica e rosacruciana. Apontemos alguns exemplos colhidos no "Brasão", a secção da *Mensagem* formalmente mais próxima da *Lusitânia*: D. Filipa de Lencastre é a "Princesa do Santo Gral"; D. João I, o Mestre "do Templo / Que Portugal foi feito ser"; o próprio Sol é, hereticamente, "O corpo morto de Deus, / Vivo e desnudo".

cristãs: "Os ocultistas não queriam quebrar a fé cristã sem lhe substituir outra que afinal seria a mesma; o que só poderia dar-se quando a Hora houvesse chegado" (Fernando Pessoa, *Rosea Cruz*, Lisboa, Edições Manuel Lencastre, 1989, pág. 147. Edição de Pedro Teixeira da Mota).

APÊNDICE

PREFÁCIO A *QUINTO IMPÉRIO*,
DE AUGUSTO FERREIRA GOMES

A esperança do Quinto Império, tal qual em Portugal a sonhamos e concebemos, não se ajusta, por natureza, ao que a tradição figura como o sentido da interpretação dada por Daniel ao sonho de Nabucodonosor.

Nessa figuração tradicional, é este o seguimento dos impérios: o Primeiro é o da Babilónia, o Segundo o Medo-Persa, o Terceiro o da Grécia e o Quarto o de Roma, ficando o Quinto, como sempre, duvidoso. Nesse esquema, porém, que é de impérios materiais, o último é plausivelmente entendido como sendo o Império de Inglaterra. Desse modo se interpreta naquele país; e creio que, nesse nível, se interpreta bem.

Não é assim no esquema português. Este, sendo espiritual, em vez de partir, como naquela tradição, do Império material de Babilónia, parte, antes, com a civilização em que vivemos, do império espiritual da Grécia, origem do que espiritualmente somos. E, sendo esse o Primeiro Império, o Segundo é o de Roma, o Terceiro o da Cristandade, e o Quarto o da Europa – isto é, da Europa laica de depois da Renascença. Aqui o Quinto Império terá que ser outro que o inglês, porque terá que ser de outra ordem. Nós o atribuímos a Portugal, para quem o esperamos.

A chave está dada, clara e obscuramente, na primeira quadra do Terceiro Corpo das Profecias do Bandarra, entendendo-se que Bandarra é um nome colectivo, pelo qual se designa, não só o vidente de Trancoso, mas todos quantos viram, por seu exemplo, à mesma Luz. Este Terceiro Corpo não é, nem poderia ser, do Bandarra de Trancoso. Dizemos, contudo, que é do Bandarra:

A quadra é assim:

> *Em vós que haveis de ser Quinto*
> *Depois de morto o Segundo,*
> *Minhas profecias fundo*
> *Nestas letras que VOS Pinto.*

A palavra VOS, no quarto verso, tem a variante AQUI em alguns textos. Mas, de qualquer dos modos, a interpretação vem a ser igual.

Considerando, pelo lema da Tripeça, que todas as profecias têm três realizações diferentes, em três tempos distintos, esta será interpretada em relação a três tempos de Portugal, segundo as «letras» são «pintadas». Se as letras são as da palavra VOS, indicam, como se mandou que se soubesse, *Vis, Otium, Scientia*. E se as letras são as da palavra AQUI, indicam, segundo a mesma ordem, *Arma, Quies, Intellectus*, que logo se vê serem termos sinónimos dos outros.

Temos pois que a Nação Portuguesa percorre, em seu caminho imperial, três tempos – o primeiro caracterizado pela Força (*Vis*) ou as Armas (*Arma*), o segundo pelo Ócio (*Otium*) ou o Sossego (*Quies*), e o terceiro pela Ciência (*Scientia*) ou a Inteligência (Intellectus). E os tempos e os modos estão indicados nos primeiros dois versos da quadra:

> *Em vós que haveis de ser Quinto*
> *Depois de morto o Segundo...*

No primeiro tempo – a Força ou Armas – trata-se de el-rei D. Manuel o Primeiro, que é o *quinto* rei da dinastia de Avis, e sucede a D. João o *Segundo*, depois deste morto. Foi então o auge do nosso período de Força ou Armas, isto é, de poder temporal.

No segundo tempo – Ócio ou Sossego – trata-se de el-rei D. João o Quinto, que sucede a D. Pedro o Segundo, depois de este morto. Foi então o auge do nosso período de esterilidade rica, do nosso repouso do poder – o ócio ou sossego da profecia.

No terceiro tempo – Ciência ou Inteligência – trata-se do *Quinto* Império, que sucederá ao *Segundo*, que é o de Roma, depois de este morto.

Quanto ao que quer dizer esta Roma, a cujo fim ou morte se seguirá o Império Português, ou Quinto Império, ou o que seja a Ciência ou Inteligência que definirá a este – não direi se o sei ou o não sei, se o presumo ou o não presumo. Saber seria de mais; presumir seria de menos. Quem puder compreender que compreenda.

*

As profecias são de duas ordens – as que, como a de Daniel e esta do falso Bandarra, têm em si uma grande luz; e as que, como as do vero Bandarra e as do livro presente, têm em si uma grande treva. Aquelas são o fio do labirinto, estas o mesmo labirinto. Umas e outras, porém, entre si se complementam. Por umas as outras se esclarecem, tanto quanto pode ser, porque a luz afasta as trevas, mas sem as trevas se não veria a luz. Tão certo é o que se diz em certo passo secreto – que a melhor luz que temos neste mundo não é mais que treva visível...

DEZ MINUTOS COM FERNANDO PESSOA

A calva socrática, os olhos de corvo de Edgar Poe, e um bigode risível, chaplinesco – eis a traços tão fortes como precisos a máscara de Fernando Pessoa. Encontramo-lo friorento e encharcado desta chuva cruel de Dezembro a uma mesa do Martinho da Arcada, última estampa romântica dos cafés do século XX. É ali que vivem agora os derradeiros abencerragens do *Orfeu*. A lira não se partiu. Ecoa ainda, mas menos bárbara, trazida da velha Grécia, no peito duma sereia, até à foz romana do Tejo. Fernando Pessoa tem três almas, baptizadas na pia lustral da estética nova: Álvaro de Campos, o das odes, convulsivo de dinamismo, Ricardo Reis, o clássico, que trabalha maravilhosamente a prosa, descobrindo na cinza dos túmulos tesouros de imagens, e Alberto Caeiro, o super-clássico, majestoso como um príncipe. Mas desta vez fala Fernando Pessoa – em «pessoa». O título da sua obra recente, *Mensagem*, está entre nós, como um hífen de amizade literária. Porquê o título?

O poeta desce a escada de Jacob, lentamente, coberto de neblinas e de signos misteriosos. A sua inteligência geometriza palavras, que vai rectificando empós. A sua confidência é quase soturna, trágica de inspiração íntima:

– *Mensagem* é um livro nacionalista, e, portanto, na tradição cristã representada primeiro pela busca do Santo Graal, e depois pela esperança do Encoberto.

– É difícil de entender, mas os poetas falam como as cavernas com boca de mistério. De resto os versos são oiro de língua, fortes como tempestades.

– É um livro novo?

– Escrito em mim há muito tempo. Há poemas que são de 1914, quase do tempo do *Orfeu*.

– Mas estes são agora mais clássicos, digamos. Versos de almas tranquilas...

– Talvez. É que eu tenho várias maneiras de escrever – nunca uma.

– E como estabelece o contacto com o deserto branco do papel?

Pessoa, numa nuvem do ópio:

– Por impulso, por intuição, que depois altero. O autor dá lugar ao crítico, mas este sabe o que aquele quis fazer...

– A sua *Mensagem*...

– Projectar no momento presente uma coisa que vem através de Portugal, desde os romances de cavalaria. Quis marcar o destino imperial de Portugal, esse império que perpassou através de D. Sebastião, e que continua, «há-de ser».

Fernando Pessoa recolhe-se. Disse tudo. Sobe a escada de Jacob e desaparece à nossa vista, num céu constelado de enigmas e de belas imagens. Ferreira Gomes que está ao nosso lado olha-nos com mistério. Que é do poeta?

A. P.

Diário de Lisboa, 14 de Dezembro de 1934

EXPLICAÇÃO DE UM LIVRO

Publiquei em Outubro passado, pus à venda, propositadamente, em 1 de Dezembro, um livro de poemas, formando realmente um só poema, intitulado *Mensagem*. Foi esse livro premiado, em condições especiais e para mim muito honrosas, pelo Secretariado de Propaganda Nacional.

A muitos que leram com apreço a *Mensagem*, assim como a muitos que o leram ou com pouco apreço ou com nenhum, certas coisas causaram perplexidade e confusão: a estrutura do livro, a disposição nele das matérias, e mormente a mistura, que ali se encontra, de um misticismo nacionalista, ordinariamente colado, onde entre nós apareça, ao espírito e às doutrinas da Igreja de Roma, com uma religiosidade, deste ponto de vista, nitidamente herética.

Capa da primeira edição da *Mensagem*

Um fenómeno independente da *Mensagem*, e posterior à sua publicação, aumentou a perplexidade de uns e outros leitores do livro. Foi esse fenómeno o meu artigo sobre «*Associações Secretas*», inserto no «*Diário de Lisboa*», de 4 de Fevereiro [1935]. Esse artigo é um ataque a um projecto de lei sobre o assunto do título, e é, correlativamente, uma defesa integral da Maçonaria, contra a qual o projecto era dirigido, e a lei hoje se dirige.

O artigo é patentemente de um liberal, de um inimigo radical da Igreja de Roma, e de quem tem para com a Maçonaria e os maçons um sentimento profundamente fraternal.

Um leitor atento de *Mensagem* qualquer que fosse o conceito que formasse da valia do livro, não estranharia o anti-romanismo, constante, embora negativamente, emergente nele. Um leitor igualmente atento, mas instruído no entendimento ou ao menos na intuição das coisas herméticas, não estranharia a defesa da maçonaria em o autor de um livro tão abundantemente embebido em simbolismo templário e rosicruciano. E a este leitor seria fácil de concluir que, tendo as ordens templárias, embora não exerçam actividade política, conceitos sociais idênticos, no que positivos e no que negativos, aos da Maçonaria; e girando o rosicrucianismo, no que social, em torno de ideias de fraternidade e de paz (*Pax profunda, frater!*) é a saudação rosicruciana, tanto para Irmãos como para profanos), o autor de um livro assim seria forçosamente um liberal por derivação, quando o não fosse já por índole.

MENSAGEM – DE FERNANDO PESSOA | 129

Mas, de facto, fui sempre fiel, por índole, e reforçada ainda por educação – a minha educação é toda inglesa –, aos princípios essenciais do liberalismo, – que são o respeito pela dignidade do Homem e pela liberdade do Espírito, ou, em outras palavras, o individualismo e a tolerância, ou, ainda, em uma só palavra, o individualismo fraternitário.

Há três realidades sociais – o indivíduo, a Nação, a Humanidade. Tudo mais é factício.

São ficções a Família, a Religião, a Classe. É ficção o Estado. É ficção a Civilização.

O indivíduo, a Nação, a Humanidade são realidades porque são perfeitamente definidos. Têm contorno e forma. O indivíduo é a realidade suprema porque tem um contorno material e mental – é um corpo vivo e uma alma viva.

A Nação é também uma realidade, pois a definem o território, ou o idioma, ou a continuidade histórica – um desses elementos, ou todos. O contorno da nação é contudo mais esbatido, mais contingente, quer geograficamente, porque nem sempre as fronteiras são as que deveriam ser; quer linguisticamente, porque largas distâncias no espaço separam países de igual idioma e que naturalmente deveriam formar uma só nação; quer historicamente, porque, por uma parte, critérios diferentes do passado nacional quebram, ou tendem para o quebrar, o vasículo nacional, e, por outra, a continuidade histórica opera diferentemente sobre camadas da população, diferentes por índole, costumes ou cultura.

A Humanidade é outra realidade social, tão forte como o indivíduo, mais forte ainda que a Nação, porque mais definida do que ela. O indivíduo é, no fundo, um conceito biológico; a Humanidade é, no fundo, um conceito zoológico – nem mais nem menos do que a espécie animal, formada de todos os indivíduos de forma humana. Uma e outra são realidades com raiz. A Nação, sendo uma realidade social, não o é material: é mais um tronco que uma raiz. O Indivíduo e a Humanidade são *lugares*, a Nação o *caminho* entre eles. É através da fraternidade patriótica, fácil de sentir a quem não seja degenerado, que gradualmente nos sublimamos, ou sublimaremos, até à fraternidade com todos os homens.

Segue de aqui que, quanto mais intensamente formos patriotas – desde que saibamos ser patriotas –, mais intensamente nos estaremos preparando, e connosco aos que estão connosco, para um conseguimento humano futuro, que, nem que Deus o faça impossível, deveremos deixar de ter por desejável. A Nação é a escola presente para a super-Nação futura. Cumpre, porém, não esquecer que estamos ainda, e durante séculos estaremos, na escola e só na escola.

Ser intensamente patriota é três coisas. É, primeiro, valorizar em nós o indivíduo que somos, e fazer o possível por que se valorizem os nossos compatriotas, para que assim a Nação, que é a suma viva dos indivíduos que a compõem, e não o amontoado de pedras e areia que compõem o seu território, ou a colecção de palavras separadas ou ligadas de que se forma o seu léxico ou a sua gramática – possa orgulhar-se de nós, que, porque ela nos criou, somos seus filhos, e seus pais, porque a vamos criando. (...)

*

A verdadeira origem deste artigo está numa circunstância pessoal: o de haver muitos – muitos para quem conhece poucos – que me confessaram não compreender como, depois de escrever *Mensagem*, livro de versos nacionalista, eu tinha vindo para o *Diário de Lisboa* defender a Maçonaria. Dessa circunstância pessoal e concreta tirei a razão e a substância deste artigo impessoal e abstracto. Nada e a ninguém importa o que faz e pensa um poeta obscuro ou o defensor (um pouco menos obscuro) da Ordem Maçónica; mas alguma coisa e a todos deve importar que se distinga o que estava confundido, se aproxime o que por erro estava separado, e haja menos nevoeiro nas ideias, ainda que não seja por elas que haja de se esperar D. Sebastião.

Uma coisa, e uma só, me preocupa: que com este artigo eu contribua, em qualquer grau, para estorvar os reaccionários portugueses em um dos seus maiores e mais justos prazeres – o de dizer asneiras. Confio, porém, na solidez pétrea das suas cabeças e nas virtudes imanentes naquela fé firme e totalitária que dividem, em partes iguais, entre Nossa Senhora de Fátima e o senhor D. Duarte Nuno de Bragança.

1935

Fernando Pessoa, *Páginas Íntimas e de Auto-Interpretação*, [2ª ed.], Lisboa: Ática, s/d., pp. 433-438. Textos estabelecidos e prefaciados por Georg Rudolf Lind e Jacinto do Prado Coelho.

BIBLIOGRAFIA

ALMEIDA, Onésimo Teotónio, *Mensagem: uma tentativa de reinterpretação*, Angra do Heroísmo, Direcção Regional dos Assuntos Culturais / Secretaria Regional da Educação e Cultura, 1987.

BESSELAAR, José van den, *O Sebastianismo – História sumária*, Lisboa, Instituto de Cultura e Língua Portuguesa, 1987, pp. 63-64.

Bíblia Sagrada (para o Terceiro Milénio da Encarnação), 4ª ed., Lisboa/Fátima, Difusora Bíblica, 2003. Coordenação geral de Herculano Alves.

BLANCO, José, "A *Mensagem* e a crítica do seu tempo", in *Fernando Pessoa no seu tempo* (coordenação de Eduardo Lourenço e António Braz de Oliveira), Lisboa, Biblioteca Nacional, 1988, pp. 69-74.

BRÉCHON, Robert, *Estranho Estrangeiro*, Lisboa, Quetzal, 1996.

CAEIRO, Alberto [F. P.], *Poesia*, Lisboa, Assírio & Alvim, 2001. Edição de Fernando Cabral Martins e Richard Zenith.

CAMOCARDI, Elêusis M., *Fernando Pessoa*. Mensagem: *história, mito, metáfora*, São Paulo, Editora Arte & Ciência, 1996.

CAMÕES Luís de, *Os Lusíadas,* 5ª ed. Lisboa, Instituto Camões, 2003. Leitura, prefácio e notas de Álvaro Júlio da Costa Pimpão. Apresentação de Aníbal Pinto de Castro.

CAMPOS, Álvaro de [F. P.], *Poesias*, Lisboa, Assírio & Alvim, 2002. Edição de Teresa Rita Lopes.

CASSIRER, Ernest, *linguagem, mito e religião*, Porto, Edições Rés, 1976. Tradução de Rui Reininho.

CENTENO, Yvette, *Fernando Pessoa e a filosofia hermética (fragmentos do espólio)*, Lisboa, Presença, 1985.

CIRURGIÃO, António, *O "olhar esfíngico" da* Mensagem *de Fernando Pessoa*, Lisboa, ICALP, 1990.

COELHO, Jacinto do Prado, *Diversidade e unidade em Fernando Pessoa*, 11ª ed., Lisboa, Verbo, 1998.

COELHO, Jacinto do Prado, *Camões e Pessoa, poetas da utopia*, Mem Martins, Europa-América, 1983.

COSTA, Dalila L. Pereira da, *O esoterismo de Fernando Pessoa*, 3ª ed., Porto, Lello & Irmão, 1987.

DIOX, Steffen e PIZARRO, Jerónimo, *A Arca de Pessoa. Novos ensaios*, Lisboa, Imprensa de Ciências Sociais, 2007.

ELIADE, Mircea, *Mitos, sonhos e mistérios*, Lisboa, Edições 70, 2000. Tradução de Samuel Soares.

GOMES, Augusto Ferreira, *Quinto Império*, Lisboa, Parceria A. M. Pereira, 2003. Prefácio de Fernando Pessoa; posfácio de J. Pinharanda Gomes.

GREIMAS, A. J. e COURTÉS, J., *Dicionário de Semiótica*, São Paulo, Cultrix, s/d. Tradução de Alceu D. Lima *et al.*

HUTIN, Serge, *As sociedades secretas*, Lisboa, Inquérito, s/d. Tradução de Isabel Maria St. Aubyn.

JAKOBSON, Roman e PICCHIO, Luciana Stegano, "Os oxímoros dialécticos de Fernando Pessoa", in *Linguística e*

Literatura, Lisboa, Edições 70, 1980, pp. 17-41. Tradução de Isabel Gonçalves e Margarida Barahona.

JUNQUEIRO, Guerra, *Obras (Poesia)*, 2ª ed., Porto, Lello & Irmão, 1974. Organização e introdução de Amorim de Carvalho.

KUJAWSKI, Gilberto de, *Fernando Pessoa, o outro*, 3ª ed., Petrópolis, Vozes, 1979.

LIND, Georg Rudolf, *Estudos sobre Fernando Pessoa*, Lisboa, Imprensa Nacional-Casa da Moeda, 1981.

LOURENÇO, Eduardo, *Poesia e metafísica: Camões, Antero, Pessoa*, Lisboa, Gradiva, 2002.

MAGALHÃES, Luís de, *D. Sebastião*, Coimbra, França Amado, 1898.

MANNHEIM, Karl, *Ideologia e Utopia*, Bologna, Il Molino, 1978. Tradução de Antonio Santucci.

NAUDON, Paul, *A Franco-Maçonaria*, 2ª ed., Mem Martins, Europa-América, 2000. Tradução de Fernando Melro.

PESSOA, Fernando, *Textos filosóficos*, vol. II, Lisboa, Ática, 1968. Estabelecidos e prefaciados por António de Pina Coelho.

PESSOA, Fernando, *Páginas íntimas e de auto-interpretação*, Lisboa, Ática, [1972]. Edição de Georg Rudolf Lind e Jacinto do Prado Coelho.

PESSOA, Fernando, *Páginas de estética e de teoria e crítica literárias*, 2ª ed., Lisboa, Ática, 1973. Edição de Georg Rudolf Lind e Jacinto do Prado Coelho.

Pessoa, Fernando, *Sobre Portugal: introdução ao problema nacional*, Lisboa, Ática, 1979. Edição de Joel Serrão.

Pessoa, Fernando, *A procura da verdade oculta: Textos filosóficos e esotéricos*, Mem Martins, Europa-América, 1986. Prefácio, organização e notas de António Quadros.

Pessoa, Fernando, *A Grande Alma Portuguesa*, Lisboa, Edições Manuel Lencastre, 1988. Edição de Pedro Teixeira da Mota.

Pessoa, Fernando, *Rosea Cruz*, Lisboa, Edições Manuel Lencastre, 1989. Edição de Pedro T. Mota

Pessoa, Fernando, *Correspondência (1923-1935)*, Lisboa, Assírio & Alvim, 1999. Edição de Manuela Parreira da Silva.

Pessoa, Fernando, *Crítica. Ensaios, artigos e entrevistas*, Lisboa, Assírio & Alvim, 2000. Edição de Fernando Cabral Martins.

Pessoa, Fernando, *Poesia (1902-1917)*, Lisboa, Assírio & Alvim, 2005. Edição de Manuela Parreira da Silva, Ana Maria Freitas e Madalena Dine.

Pessoa, Fernando, *Poesia (1931-1935 e não datada)*, Lisboa, Assírio & Alvim, 2006. Edição de Manuela Parreira da Silva, Ana Maria Freitas e Madalena Dine.

Pessoa, Fernando, *Mensagem*, 2ª ed., Coimbra, Angelus Novus, 2008. Edição de António Apolinário Lourenço.

Pires, António M. B. Machado, "*Os Lusíadas* de Camões e a *Mensagem* de Pessoa", *Revista da Universidade de Coimbra*, XXXIII, 1985, pp. 419-429.

MENSAGEM – DE FERNANDO PESSOA | 137

QUADROS, António, *A ideia de Portugal na literatura portuguesa dos últimos 100 anos*, Lisboa, Fundação Lusíada, 1989.

QUADROS, António, *Fernando Pessoa. Vida, personalidade e génio*, 3ª ed., Lisboa, Dom Quixote, 1988.

QUESADO, Clécio, *Labirintos de um "Livro à beira-mágoa": análise de* Mensagem *de Fernando Pessoa*, Rio de Janeiro, Elo, 1999.

RAMALHO, Américo da Costa, "Sobre o «Mostrengo» de Fernando Pessoa", in *Camões no seu tempo e no nosso*. Coimbra, Almedina, 1993, pp. 187-197.

RAMALHO, Maria Irene, *Poetas do Atlântico: Fernando Pessoa e o modernismo norte-americano*, Porto, Afrontamento, 2008.

RICŒUR, Paul, *Ideologia e Utopia*, Lisboa, Edições 70, 1991. Tradução de Teresa Louro Perez

SCHURÉ, Édouard, *Os grandes iniciados/Hermes*, São Paulo, Martin Claret, 1966.

SEABRA, José Augusto, *O coração do texto. Le cœur du texte: novos ensaios pessoanos*, Lisboa, Cosmos, 1996.

SEABRA, José Augusto, *Fernando Pessoa: pour une poétique de l'ésotérisme*, Paris, Éditions a l'Orient, 2004.

SILVA, Agostinho da, *Um Fernando Pessoa*, 2ª ed., Lisboa, Guimarães Editores, 1988.

SIMÕES, João Gaspar, *Vida e Obra de Fernando Pessoa. História de uma geração*, 6ª ed., Lisboa, Dom Quixote, 1991.

SOUSA, João Rui de (organização, introdução e notas), *Fotobibliografia de Fernando Pessoa*, Lisboa, Imprensa Nacional-Casa da Moeda/Biblioteca Nacional, 1988.

TEIXEIRA, Luís Filipe B., *Pensar Pessoa*, Porto, Lello Editores, 1997.

UNAMUNO, Miguel de, *Obras completas.* tomo VI, Madrid, Escelicer, 1969.

VERÍSSIMO, Artur, *Dicionário da* Mensagem, [Porto], Areal, 2000.

VIRGÍLIO, *Bucólicas*, São Paulo, Editora Universidade de Brasília-Melhoramentos, 1982. Tradução e notas de Péricles Eugénio da Silva Ramos.

ZENITH, Richard, *Fernando Pessoa*, Lisboa, Temas e Debates, 2008.